Aan God al die eer.

Ek bid vir God se seën oor jou terwyl jy die materiaal bestudeer. Mag Hy jou verstand oopmaak om hierdie inligting te ontvang en daarvolgens te leef.

Andrew

Studiegids: Jakobus

Antieke Woorde Bybelstudiereeks

Andrew J. Lamont-Turner

Published by Andrew J. Lamont-Turner, 2024.

STUDIEGIDS: JAKOBUS

First edition. August 5, 2024.

ISBN: 979-8227741318

Written by Andrew J. Lamont-Turner.

Inhoudsopgawe

Kopiereg

Studiegids: James

Vers-vir-vers-studie van die Bybelboek Jakobus

Kopiereg Andrew J Lamont-Turner 2024

Eerste uitgawe: 2024

Skrifaanhalings, tensy anders vermeld, is geneem uit die New Covenant Theological Seminary Grammatically Corrected Contemporary English Bible®, Kopiereg © 2023 deur New Covenant Theological Seminary. Gebruik onder lisensie.

Skrifverwysings gemerk WEB is uit die World English Bible geneem. Publieke domein.

Die skrywer gebruik Google Translate om hierdie studie in verskeie tale te vertaal, met Engels as die oorspronklike taal.

Voorbladontwerp deur AJ Lamont-Turner
Fotografie deur
Jess Du Toit Fotografie
jessejdt@gmail.com

Voorwoord

Die boek Jakobus is 'n unieke en betekenisvolle werk binne die Nuwe Testament, wat tydlose wysheid en praktiese leiding vir gelowiges oor generasies heen bied. As 'n diep gerespekteerde brief, staan Jakobus uit vir sy duidelike en direkte benadering tot Christelike lewe, wat fundamentele aspekte van geloof, moraliteit en gedrag aanspreek. Hierdie studie poog om te delf in die ryk tapisserie van leringe wat in Jakobus aangebied word, en ondersoek die relevansie en toepassing daarvan vir hedendaagse Christene.

Jakobus, wat dikwels na verwys word as die "Spreuke van die Nuwe Testament," bied vermanings aan wat die noodsaaklikheid beklemtoon om 'n mens se geloof op tasbare maniere uit te leef. Dit daag gelowiges uit om die egtheid van hul geloof deur hul optrede te ondersoek, en dring daarop aan dat opregte geloof deur werke gedemonstreer word. Hierdie brief is veral treffend in sy oproep tot integriteit, geduld, nederigheid en verwerpende partydigheid binne die Christelike gemeenskap.

Deur hierdie boek sal ons deur die vyf hoofstukke van James reis, die belangrike boodskappe daarvan dissekteer en ondersoek hoe dit van toepassing is op hedendaagse kwessies. Jakobus verskaf 'n omvattende gids vir persoonlike en gemeenskaplike transformasie, van die beproewings en beproewings wat ons geloof toets, tot die krag van gebed en die gevare van die tong.

Hierdie studie het nie net ten doel om die praktiese wysheid van Jakobus uit te lig nie, maar ook om 'n dieper begrip van die teologiese onderbou van sy leerstellings aan te moedig. Deur die historiese konteks, die beoogde gehoor en die oorkoepelende temas te ondersoek, kry lesers 'n meer holistiese siening van die doel van die brief en die blywende betekenis daarvan.

Die boek Jakobus spreek tot gelowiges net so kragtig as wat dit vandag met sy oorspronklike gehoor gedoen het. In 'n wêreld van uitdagings en afleidings roep Jakobus ons terug na 'n geloof wat met opregtheid en daad uitgeleef word. Dit herinner ons daaraan dat ons geloofsreis nie net oor persoonlike vroomheid gaan nie, maar om ons wêreld te beïnvloed deur regverdige lewe en deernisvolle diens.

Ek hoop dat hierdie boek lesers sal inspireer en toerus om die beginsels wat in Jakobus uiteengesit is, te beliggaam, wat 'n lewendige, aktiewe en transformerende geloof bevorder. Mag ons, soos Jakobus, daders van die woord wees en nie net hoorders nie, en mag ons lewens die betekenisvolle waarheid van ons geloof in elke aspek weerspieël.

In Christus,
Andrew

Inleiding tot hierdie studie

Hierdie studie bestaan uit vrae wat gebaseer is op die verskillende verse van die Skrif wat uit die boek Daniël geneem is.

Deel 1 van hierdie studie ondersoek die agtergrondinligting van die boek, byvoorbeeld wie dit geskryf het, wanneer, aan wie, hoekom en ander aspekte van die boek.

Deel 2 beklemtoon verse uit die boek wat veral aandag vestig op spesifieke beginsels binne die boek Daniël.

Deel 3 is die vers-vir-vers studie wat vereis dat die leser die vrae en take aan die einde van elke hoofstuk voltooi. Indien dit in 'n selgroepomgewing gedoen word, moet hierdie antwoorde binne die groep bespreek word.

Nadat al die hoofstukke bestudeer is, is daar waar, onwaar en veelkeusevrae om jou kennis van hierdie boek te toets.

Gestel jy gebruik die e-boek weergawe van hierdie studie. In daardie geval is dit raadsaam om 'n notaboek byderhand te hê om die antwoorde op die vrae aan te teken. Bykomende spasie kan ook nodig wees om deur die toets jou kennisvrae te werk.

Om die vrae te beantwoord is nie 'n wedloop nie. Daar moet noukeurig gedink word om die antwoorde neer te skryf, spesifiek die lewenstoepassing van hierdie vrae en hul antwoorde.

Om aan 'n Bybelstudie deel te neem, dui daarop dat die leser hul behoefte erken om die Skrif te verstaan en die diepte van wysheid wat daarop volg om God en Sy weë te ken en te verstaan. Dit is 'n geestelike reis, en dit neem tyd as jy die verse ondersoek, hul betekenis soos die skrywer dit bedoel het om te wees en hul lewenstoepassing. Maak seker dat gebed elke stap van die pad voorafgaan, sodat die Heilige Gees jou kan lei en jou hart en verstand oopmaak vir die kennis van God.

Hierdie studie maak saak, want dit kan van toepassing wees op jou lewe se werklikheid. Met ander woorde, hierdie studie beskou die Boek se Teologie en ander beginsels wat uit die boek afgelei is binne 'n raamwerk wat dit makliker maak om beginsels op ons daaglikse lewens toe te pas. Hierdie studie is nie 'n kommentaar nie, en alhoewel spesifieke inligting oor elke boek verskaf word, is hierdie studie nie betrokke by tekskritiek nie.

DEEL 1 : Boekinligting

Skrywer

Daar word algemeen geglo dat die skrywer van hierdie brief Jakobus is, die halfbroer van Jesus Christus, soos aangedui in Galasiërs 1:19. Hy staan ook bekend as die broer van Judas, wat in Matteus 13:55 genoem word. Hierdie identifikasie strook met die standpunte van baie vroeë kerkvaders en skrywers. Dit is belangrik om daarop te let dat hierdie Jakobus verskil van ander prominente figure in die Nuwe Testament: hy is nie die broer van die apostel Johannes (seun van Sebedeus), wat vroeg in die kerk se geskiedenis gemartel is nie (Markus 1:19; Handelinge 12: 2), en hy is ook nie die seun van Alfeus of die vader van Judas nie (Luk 6:16).

Jakobus, die skrywer, het 'n belangrike rol in die vroeë kerk in Jerusalem gespeel en is as 'n leier erken. Hy het veral by die Jerusalem Raad gepraat, soos opgeteken in Handelinge 15:13-21. Sy leierskap word in Handelinge 12:17 en Handelinge 21:18 verwys. Sommige kommentators voer aan dat die ooreenkoms in styl tussen hierdie sendbrief en Jakobus se toespraak in Handelinge 15 die toekenning van outeurskap aan hom ondersteun. Ten spyte van enige moontlike taaloorwegings, is dit aanneemlik dat Jakobus, wat van Galilea was, vaardig in Aramees en Grieks sou gewees het, wat die kwaliteit van Grieks waarin die brief geskryf is, verduidelik.

Doel

Die brief van Jakobus dien 'n dubbele doel, soos opgemerk deur geleerdes en kommentators deur die geskiedenis. Eerstens het dit ten doel om sy lesers aan te moedig om beproewinge met geduld en standvastigheid te verduur. Jakobus beklemtoon die belangrikheid daarvan om swaarkry getrou te verduur en God se soewereiniteit en goedheid te vertrou selfs te midde van teëspoed.

Tweedens waarsku die brief teen leerstellige dwalings en onetiese praktyke in vroeë Christelike gemeenskappe. Jakobus spoor gelowiges aan om hul geloof op praktiese maniere uit te leef, met die klem op dade van deernis, integriteit in spraak, nederigheid voor God, en aktiewe betrokkenheid om met ander te deel. Sy leringe sluit elke aspek van die Christelike lewe in, en lei gelowiges om hul geloof deur aksies en gesindhede te manifesteer.

'n Beduidende fokus van Jakobus se brief is gerig op Joodse Christene wat vervolging en onderdrukking in die gesig gestaar het, veral deur ryk en invloedryke Jode in hul gemeenskappe. Jakobus moedig hierdie gelowiges aan om vas te staan in hul geloof, die druk en versoekings van wêreldse rykdom en mag te weerstaan, en hul integriteit te behou te midde van teëspoed.

Die brief van Jakobus is 'n kragtige vermaning tot Christelike volwassenheid en heiligheid van die lewe. Dit beklemtoon praktiese Christelike lewe, spreek leerstellige integriteit aan, en moedig volharding aan in die aangesig van beproewinge en teenstand. Deur sy leerstellings verskaf Jakobus tydlose wysheid wat steeds gelowiges lei om uitdagings te navigeer en hul geloof outentiek uit te leef.

Datum van Skrywe

Volgens Josefus het Jakobus, die broer van Jesus, in 62 nC gesterf, 'n datum wat hy met die dood van Portius Festus verbind het. Dit plaas die skrywe van die brief van Jakobus voor daardie tyd. Sommige geleerdes redeneer dat Jakobus se gebrek aan verwysing na die Jerusalem Raad van 49 nC 'n vroeër samestellingsdatum voorstel. Hierdie argument is egter debatteerbaar aangesien die brief ander kwessies aanspreek as dié wat by die raad bespreek is, wat eksplisiete verwysings onnodig maak.

Tradisioneel word geglo dat Jakobus hierdie brief vroeg in die geskiedenis van die Christelike kerk geskryf het. Baie geleerdes, insluitend ek, neig na 'n komposisiedatum in die middel tot laat 40's, moontlik rondom 45-48 nC. Sommige stel selfs 'n vroeëre datum voor, so vroeg as 34 of 35 nC. Die afwesigheid van verwysings na ander Nuwe-Testamentiese briewe in Jakobus ondersteun verder die idee van die vroeë samestelling daarvan. Daar is aansienlike ondersteuning vir die tradisionele vroeë datering van die brief van Jakobus, met geen wesenlike redes om dit te betwyfel nie.

Gehoor

Die ontvangers van die brief van Jakobus was hoofsaaklik Joodse Christene wat in die diaspora woon, wat uit Palestina verstrooi is. Nou volgelinge van Christus (Jakobus 1:1). Dwarsdeur die brief beklemtoon talle verwysings die Joodse konteks daarvan, wat die idee versterk dat dit deur 'n Joodse skrywer aan 'n Joodse gehoor geskryf is. Verse soos Jakobus 1:18, 2:2, 2:21, 3:6 en 5:4, 5:7 bevat taal en temas wat sterk resoneer binne Joodse kulturele en godsdienstige kontekste, wat die gedeelde agtergrond en geloof van die skrywer en sy voorgenome lesers.

Plek van skryf

Aangesien Jakobus waarskynlik die meeste of al sy Christelike lewe in Jerusalem deurgebring het, word daar algemeen geglo dat hy sy brief uit hierdie stad geskryf het. Sy diep verbintenis met Jerusalem blyk duidelik uit historiese rekords, wat aandui dat hy nie betrokke was by uitgebreide sendingaktiwiteite wat hom as 'n Apostel sou klassifiseer nie.

Volgens Eusebius, 'n historikus wat in die 4de eeu geskryf het, het Jakobus 'n tragiese einde in Jerusalem ontmoet. Hy vertel dat Jakobus van die kruin van die tempel afgegooi is, wat 170 voet bokant die Kidronvallei gestaan het. Nadat hy die val oorleef het, is hy gestenig, en toe het 'n voller, wat 'n eerste-eeuse lap of klerewasser was, hom afgemaak deur sy brein met 'n knuppel te slaan. Hierdie verslag beklemtoon Jakobus se martelaarskap en beklemtoon die erns van vervolging waarmee vroeë Christenleiers in Jerusalem te kampe het.

Spesiale eienskappe

Jakobus se brief staan uit vir sy unieke kenmerke binne die Nuwe Testamentiese korpus. Eerstens blyk dit dat dit gemaak is as 'n geskrewe vorm van 'n openbare toespraak of preek wat bedoel is om hardop voor te lees in vroeë Christelike byeenkomste. Dit sluit aan by kontemporêre retoriese kritiek, met die klem op die mondelinge wortels daarvan wat in geskrewe vorm vertaal word.

Onder die kenmerke daarvan is die afwesigheid van persoonlike verwysings na spesifieke individue onder die ontvangers daarvan en die gebrek aan 'n konvensionele slotseën. In plaas daarvan gebruik Jakobus 'n opvallende aantal imperatiewe, met bevele wat teen 'n frekwensie verskyn wat ongeëwenaard is in ander Nuwe-Testamentiese geskrifte.

Die brief is opvallend vir sy ryk gebruik van spraakfigure en analogieë, wat selfs die kollektiewe gebruik van Paulus se briewe oortref. Jakobus maak baie gebruik van Ou-Testamentiese geskrifte, verwys na meer as 20 boeke en weef in narratiewe en karakters soos Abraham, Ragab, Job en Elia, saam met verwysings na die Tien Gebooie en die Mosaïese Wet. Dit getuig van die diep Joodse karakter daarvan, wat vroeë Joods-Christelike gemeenskappe se leerstellings en kulturele konteks weerspieël.

Natuurbeelde word ook prominent in Jakobus vertoon, wat die onderrigstyl van Joodse rabbi's van sy era weerspieël en resoneer met Jesus se leringe, soos opgeteken in die Bergpredikasie. Interessant genoeg, ten spyte van hierdie verbande, is direkte meldings van Jesus Christus min, en kom slegs twee keer in die sendbrief voor.

Martin Luther het welbekende voorbehoude oor die brief van Jakobus uitgespreek en dit 'n "strooibrief" genoem vanweë die waargenome klem op werke eerder as geloof, wat hy gesien het as botsend met Paulus se leringe oor regverdiging deur geloof alleen. Luther se standpunt het teologiese debatte van sy tyd onderstreep en spanning tussen verskillende teologiese klemme binne die vroeë Christendom beklemtoon.

Jakobus se brief bly 'n kenmerkende en waardevolle deel van die Nuwe Testament, wat etiese vermaning met teologiese diepte vermeng en 'n unieke perspektief binne die diversiteit van vroeë Christelike geskrifte weerspieël.

Luther se kritiek op die brief van Jakobus het gespruit uit sy interpretasie dat Jakobus daarop gefokus het om 'n Christen te word (regverdiging), wat blykbaar bots met Paulus se klem op regverdiging deur geloof alleen. Baie geleerdes redeneer egter dat Jakobus se primêre bekommernis was hoe Christene hul geloof (heiligmaking) moet uitleef eerder as die aanvanklike daad om 'n gelowige te word.

Dit is van kardinale belang om te verstaan dat Jakobus waarskynlik geskryf het voordat Paulus enige van sy briewe geskryf het, wat aandui dat hulle teologiese perspektiewe nie in direkte dialoog was nie. Daarom kan die interpretasie van Jakobus deur 'n Pauliniese lens lei tot misverstande van James se oorspronklike bedoeling. Trouens, Jakobus se leringe strook goed met Jesus se etiese leerstellings, veral dié wat in die Bergpredikasie gevind word, wat 'n kontinuïteit eerder as konflik binne vroeë Christelike denke suggereer.

Die brief van Jakobus en die Evangelie van Matteus deel talle tematiese parallelle en verwysings, wat aandui dat hulle waarskynlik rondom dieselfde tyd geskryf is, in die laat 40's nC. Beide geskrifte spreek soortgelyke Christelike gemeenskappe aan en beklemtoon geestelike volwassenheid, wysheid en die belangrikheid van 'n regverdige lewe. , veral onder die ekonomies benadeeldes.

Jakobus se brief word gekenmerk deur sy praktiese, etiese fokus eerder as diep teologiese diskoers. Dit put stilistiese inspirasie uit bronne soos Spreuke, profetiese veroordelings en die gelykenisse van Jesus, wat sy leringe duidelik en direk aanbied. Hierdie reguit benadering maak dit een van die minste teologiese boeke in die Nuwe Testament, en beklemtoon praktiese Christelike lewe bo leerstellige kompleksiteite saam met Filemon.

Jakobus se brief bied waardevolle insigte in die etiese dimensies van die Christelike geloof, met die fokus op hoe gelowiges getrou moet lewe in die lig van hul toewyding aan Christus eerder as om diep in teologiese leerstellings te delf.

Drie prominente teologiese temas kom in die Brief van Jakobus na vore , wat die grondliggende leerstellings daarvan weerspieël. Die belangrikste hiervan is die leer van God, wat dwarsdeur die brief beklemtoon word. Jakobus beklemtoon God se soewereiniteit, goedheid en heiligheid, en lei gelowiges om hulle lewens in lyn te bring volgens Sy wil.

In ooreenstemming met die praktiese en etiese fokus daarvan, beklemtoon Jakobus ook die leer van sonde. Die sendbrief spreek herhaaldelik menslike broosheid, die vernietigende krag van sonde en die behoefte aan bekering en morele opregtheid in die Christelike lewe aan.

Verbasend genoeg is eskatologie – die teologiese studie van die eindtyd – nog 'n belangrike tema in Jakobus. Terwyl Jakobus hoofsaaklik gemoeid is met praktiese Christelike lewenswyse, inkorporeer Jakobus leringe oor gelowiges se toekomstige hoop, God se oordeel en die ewige belonings wat wag op diegene wat in geloof volhard.

Wanneer die rangskikking van die Nuwe-Testamentiese briewe oorweeg word, is daar 'n noemenswaardige simmetrie in hul temas en beklemtonings. Hebreërs beklemtoon geloof, aangevul deur Jakobus se klem op goeie werke. Eerstens fokus Petrus op toekomstige hoop, gevolg deur Tweede Petrus se klem op huidige geestelike groei. Die sendbriewe van Johannes beklemtoon liefde, gebalanseer deur Judas se oproep om ernstig vir die geloof te stry. Hierdie tematiese progressie kulmineer gepas in die boek Openbaring, wat uiteindelike oorwinning beloof aan diegene wat aan Christus getrou bly.

Die Nuwe-Testamentiese briewe verskaf gesamentlik 'n omvattende Christelike geloofs- en praktykraamwerk in hierdie gestruktureerde progressie. Hulle spreek fundamentele leerstellings, etiese imperatiewe en toekomstige hoop aan, en lei gelowiges in hul geestelike reis na volwassenheid en volharding.

Verstaan die boek Jakobus

Die boek Jakobus fokus intens op die integrasie van geloof en gedrag, en beklemtoon dat ware geloof in God natuurlik moet lei tot aksies wat in lyn is met Sy wil. In sy kern verduidelik Jakobus die tema van "lewe deur geloof" of die bereiking van geestelike volwassenheid. Sy skryfstyl lyk soos 'n reeks verfynde preke wat aangepas is vir breër publikasie om gelowiges te lei tot 'n meer betekenisvolle begrip en toepassing van hul geloof.

James gee voorkeur aan Christelike gedrag en beskou etiek as die uiterlike uitdrukking van innerlike geloof. Terwyl hy Christelike leerstellings aanraak, lê sy primêre bekommernis in die praktiese manifestasie van verlossing in die alledaagse lewe - wat hy dikwels beskryf as "geloof in skoenleer." Hierdie klem beklemtoon sy begeerte vir gelowiges om hul geloof tasbaar uit te leef, wat die transformerende krag van God se genade deur hul optrede en gesindhede weerspieël.

Die leringe in Jakobus put grootliks uit Jesus se Bergpredikasie. In hierdie deurslaggewende etiese diskoers het Jesus die beginsels van regverdige lewe uiteengesit. Jakobus maak talle verwysings of sinspelings na hierdie preek, veral in Matteus 5 tot 7, wat sy diepgewortelde begrip en toepassing van Jesus se leringe weerspieël. Byvoorbeeld, Jesus se oproep vir geregtigheid in Matteus 5:20, wat dié van die skrifgeleerdes en Fariseërs oortref, word weerspieël deur Jakobus se klem op die demonstrasie van regverdige gedrag op praktiese maniere.

Jesus het die doelwit van gelowiges gestel om volmaak te wees, soos geïllustreer deur die hemelse Vader (Matteus 5:48). Hierdie oproep tot volwassenheid tot Christus-gelykvormigheid weerklink regdeur Jakobus se vermanings. Hy verduidelik en brei uit oor hierdie doel deur sy leringe oor verskeie gedrag, en moedig gelowiges aan om geestelike volwassenheid en standvastigheid in hul Christelike wandel na te streef.

Die brief van Jakobus dien as 'n praktiese gids vir Christelike lewe, diep gewortel in die etiese leerstellings van Jesus Christus. Dit daag gelowiges uit om hul geloof met aksie te integreer, om te streef na volwassenheid en geregtigheid terwyl hulle die uitdagings en vreugdes van die navolging van Christus navigeer.

Jesus het beduidende insigte in Christelike gedrag en geestelike groei in die Bergpredikasie verskaf. Drie sleutelopenbarings uit hierdie preek vorm 'n grondliggende raamwerk waarop Jakobus in sy sendbrief uitbrei. Hierdie insigte is van kardinale belang om te verstaan hoe gelowiges volwasse kan word in hul Christelike wandel.

Eerstens het Jesus in Matteus 5:20 die oortreffende geregtigheid wat gelowiges moet openbaar beklemtoon, en dit in teenstelling met die oppervlakkige geregtigheid van die skrifgeleerdes en Fariseërs. Dit stel die standaard vir etiese gedrag, en moedig gelowiges aan om eerder God se goedkeuring as menslike lof te soek. Jakobus bou hierop voort deur te demonstreer hoe hierdie beginsel prakties van toepassing is in verskeie aspekte van die lewe, deur sy lesers aan te spoor om vir God se goedkeuring te lewe eerder as om bekragtiging van ander te soek.

Tweedens het Jesus in Matteus 5:48 geleer dat gelowiges moet streef na volmaaktheid, gemodelleer na die volmaaktheid van die hemelse Vader. Hierdie oproep tot volwassenheid in Christus lê ten grondslag van Jakobus se vermaning dwarsdeur sy brief, aangesien hy spesifieke gedrag en gesindhede aanspreek wat hierdie doelwit van geestelike volmaaktheid weerspieël.

Derdens het Jesus in Matteus 6:1 teen die beoefening van geregtigheid gewaarsku om deur ander gesien te word. Hy het gelowiges aangemoedig om met opregtheid en nederigheid te leef en die goedkeuring van God alleen te soek. Jakobus brei uit op hierdie lering deur te illustreer hoe ware geloof op praktiese maniere moet manifesteer, veral in die lig van beproewings en uitdagings.

Jakobus bring sy leringe nou in lyn met hierdie grondbeginsels uit die Bergpredikasie. Byvoorbeeld, in Hoofstuk 1 van sy sendbrief spreek Jakobus die gedrag aan om op beproewings met geduld en uithouvermoë te reageer, en openbaar God se doel met die gebruik van beproewings om persoonlike volwassenheid by gelowiges te ontwikkel. Hy beklemtoon dat die verduur van beproewings met geloof lei tot geestelike groei en standvastigheid.

In Hoofstuk 2 konfronteer Jakobus die gedrag van vooroordeel, en beklemtoon God se begeerte dat gelowiges alle mense moet liefhê. Hy verduidelik dat opregte geloof natuurlik moet lei tot optrede wat onpartydigheid en liefde demonstreer, wat die verdelende gevolge van vooroordeel teëwerk.

Jakobus se brief is 'n praktiese uiteensetting van Jesus se leringe in die Bergpredikasie, wat gelowiges lei om hul geloof outentiek uit te leef en geestelik volwasse te word. Dit toon die onlosmaaklike verband tussen geloof en werke, en beklemtoon dat ware Christelike lewe glo in Christus en 'n getransformeerde lewe behels wat Sy leringe weerspieël.

In hoofstuk 3 van Jakobus se sendbrief is die fokus op die krag van ons spraak. Jakobus leer dat God begeer dat gelowiges hulle woorde moet gebruik om ander te seën – God self en medemens. Die metode om hierdie doel te bereik is deur wysheid van God te soek en toe te pas, wat ons in staat stel om woorde te spreek wat opbou en bemoedig.

Deur na Hoofstuk 4 te gaan, spreek James konflikte binne interpersoonlike en innerlike persoonlike verhoudings aan. Hier is God se doelwit dat gelowiges vrede met ander najaag en handhaaf. Die metode wat Jakobus voorskryf, is onderwerping aan God—toegee aan Sy wil en leiding in die hantering van eksterne of interne konflikte.

Hoofstuk 5 verskuif die fokus na die gebruik van geld. Jakobus leer dat die doelwit vir gelowiges is om hul hulpbronne te gebruik om ander te dien eerder as om rykdom selfsugtig op te gaar. Om hierdie doel te bereik, beveel Jakobus geduld aan om God se voorsiening en leiding te vertrou, tesame met ernstige gebed om Sy wysheid en leiding in finansiële sake te soek.

James se skryfstyl word dikwels beskryf as bondig en impakvol, soortgelyk aan 'n string pêrels waar elke paragraaf staan as 'n duidelike entiteit, maar tog onderling verbind in tema en doel.

By die toepassing van die leerstellings van Jakobus se brief kan twee bevestigings uitgelig word: Eerstens is die geloofslewe belaai met uitdagings en struikelblokke wat gelowiges moet oorkom om God se doel van regverdige gedrag te bereik. James identifiseer drie primêre bronne van opposisie:

Die heersende gees of filosofie van die wêreld, wat dikwels die vermyding van beproewinge aanmoedig (Hoofstuk 1), begunstiging teenoor die invloedrykes (Hoofstuk 2), selfbevordering deur spraak (Hoofstuk 3), die aanspraak van persoonlike regte (Hoofstuk 4), en die meedoënlose strewe na rykdom (Hoofstuk 5).

Om getrou volgens Jakobus se leringe te lewe, word gelowiges opgeroep om hierdie wêreldse invloede te konfronteer en te weerstaan, in plaas daarvan om God se beginsels van uithouvermoë, nederigheid en onbaatsugtigheid in elke aspek van die lewe te omhels.

Jakobus beklemtoon die noodsaaklikheid om die begeerlikhede van ons vlees te ontken as 'n deurslaggewende aspek van die uitlewing van die Christelike geloof. In sy brief gebruik Jakobus metafories die term "vlees" (Grieks: sarx) om ons sondige menslike natuur aan te dui - die neiging tot selfsugtige begeertes en sondige gedrag wat van Adam geërf is voor ons geestelike wedergeboorte.

Dwarsdeur sy brief identifiseer Jakobus drie primêre bronne van opposisie wat gelowiges in hul geloofsreis moet konfronteer.

Eerstens verteenwoordig die vlees ons sondige natuur, en dring ons daarop aan om aan selfsugtige begeertes oor te gee en toe te gee aan versoekings, veral tydens beproewinge (Hoofstuk 1). Dit bevorder selfliefde bo liefde vir ander (Hoofstuk 2), selfverheerliking in plaas van nederigheid en diens (Hoofstuk 3), selfhandhawing eerder as onderwerping aan God (Hoofstuk 4), en selfdienende gedrag in plaas van vrygewigheid teenoor ander (Hoofstuk 5).

Tweedens vermaan Jakobus gelowiges om die duiwel te weerstaan, wat God se werk om geregtigheid in ons lewens te bewerk aktief teëstaan. Satan mislei deur te suggereer dat God onverskillig of vyandig teenoor ons is deur beproewinge (Hoofstuk 1), bevorder begunstiging vir persoonlike gewin (Hoofstuk 2), moedig selfbevordering in spraak aan (Hoofstuk 3), bevorder selfhandhawing in plaas van onderwerping (Hoofstuk 4).), en bepleit die opgaar van rykdom eerder as om dit verantwoordelik te gebruik (Hoofstuk 5).

Jakobus beklemtoon dat die Christelike lewe nie net 'n gevaar is nie, maar ook van krag. Geloof, beweer hy, is die sleutel om hierdie gevare te oorkom. Dit transendeer die wêreld se filosofieë, versterk gelowiges teen die aanloklikheid van sondige begeertes, en versterk hulle teen die duiwel se aanvalle . Jakobus moedig dus 'n lewe aan wat gekenmerk word deur voortdurende vertroue en gehoorsaamheid aan God, en kontrasteer dit met ongelowiges se wêreldse en selfstandige gedrag.

Samevattend roep Jakobus se brief op tot standvastige geloof en gehoorsaamheid in God te midde van beproewings en versoekings. Dit daag gelowiges uit om op God se wysheid en krag staat te maak om die uitdagings van die lewe te navigeer en om op 'n manier te leef wat die transformerende krag van geloof in Christus weerspieël.

Buitelyn

Teologiese temas

Die boek Jakobus, geleë in die Nuwe Testament, bied 'n robuuste raamwerk van teologiese insigte verweef met praktiese wysheid vir Christelike lewe. Geskryf deur Jakobus, die halfbroer van Jesus en 'n prominente leier in die vroeë kerk, spreek hierdie brief fundamentele aspekte van geloof en gedrag aan wat noodsaaklik is vir gelowiges.

Geloof en Werke:

Een van die sentrale teologiese temas in Jakobus is die verhouding tussen geloof en werke. Jakobus voer nadruklik aan dat ware geloof in Christus moet manifesteer in praktiese optrede en regverdige lewe. Hy verklaar beroemd, "Geloof op sigself, as dit nie werke het nie, is dood" (Jakobus 2:17, WEB). Hierdie teologiese standpunt beklemtoon die onafskeidbaarheid van geloof en gedrag, en beklemtoon dat ware geloof sigbare vrugte in die lewe van 'n gelowige voortbring.

Wysheid en onderskeidingsvermoë:

Jakobus plaas 'n beduidende klem op wysheid en onderskeidingsvermoë, en moedig gelowiges aan om God se wysheid in elke besluit en omstandighede te soek. Hy kontrasteer aardse wysheid, gekenmerk deur selfsugtige ambisie en onenigheid, met hemelse wysheid, gekenmerk deur reinheid, vrede en vrugbaarheid (Jakobus 3:13-18). Hierdie teologiese tema beklemtoon die belangrikheid daarvan om 'n mens se gedagtes en optrede in lyn te bring met God se goddelike wysheid, wat lei tot 'n regverdige lewe en harmonieuse verhoudings.

Uithouvermoë en deursettingsvermoë:

Nog 'n prominente teologiese tema in Jakobus is uithouvermoë te midde van beproewings en uitdagings. Jakobus moedig gelowiges aan om dit alles vreugde te ag wanneer hulle verskeie beproewings in die gesig staar, wetende dat toetsing standvastigheid en volwassenheid in geloof voortbring (Jak. 1:2-4). Hierdie tema beklemtoon die transformerende krag van beproewings om die karakter van gelowiges te vorm en hul afhanklikheid van God te versterk. Dit weerspieël 'n teologiese perspektief wat beproewings nie as struikelblokke sien nie, maar as geleenthede vir geestelike groei en dieper intimiteit met God.

Praktiese Heiligheid en Regverdige Lewe:

Jakobus se brief beklemtoon ook praktiese heiligheid en regverdige lewe as uitdrukkings van opregte geloof. Hy spreek kwessies aan soos die behoorlike gebruik van rykdom, onpartydigheid teenoor ander, beheer van die tong en nederige onderwerping aan God se wil. Hierdie praktiese vermanings weerspieël James se teologiese oortuiging dat outentieke Christenskap korrekte leerstellings, etiese integriteit en morele suiwerheid in die alledaagse lewe behels.

Eskatologiese hoop en oordeel:

Laastens inkorporeer Jakobus sy teologiese raamwerk se eskatologiese oordeel en goddelike beloningstemas. Hy waarsku teen die gevare van wêreldsheid en selfgenoegsaamheid, en herinner gelowiges aan die naderende wederkoms van Christus en die aanspreeklikheid wat elke persoon voor God se regterstoel in die gesig staar (Jakobus 4:12; 5:7-9). Hierdie teologiese perspektief motiveer gelowiges om in gereedheid en afwagting van Christus se komende koninkryk te lewe, met die klem op die ewige implikasies van hul huidige geloof en gedrag.

Die boek Jakobus bied 'n ryk tapisserie van teologiese temas wat diep resoneer met die uitdagings en aspirasies van Christelike dissipelskap. Dit roep gelowiges op tot 'n aktiewe en transformerende geloof wat beide geloof in Christus omhels en 'n lewe wat gekenmerk word deur regverdige dade, wysheid, volharding in beproewings, praktiese heiligheid en 'n hoopvolle verwagting van Christus se wederkoms. As sodanig bly Jakobus 'n tydlose gids om die onlosmaaklike verband tussen teologiese waarhede en die praktiese uitwerking daarvan in die lewens van gelowiges te verstaan.

DEEL 2: Vers-vir-vers-studie

Jakobus Hoofstuk 1:1-27

Groete

1:1 Jakobus, 'n dienskneg van God en van die Here Jesus Christus, aan die twaalf stamme in die verstrooiing: Groete.

Jakobus, die skrywer van die brief wat aan die vroeë Christelike gelowiges gerig is, stel homself nederig en duidelik voor. Bekend as die Griekse vorm van die Hebreeuse naam "Jakob", het Jakobus waarskynlik die onderskeid om die halfbroer van Jesus Christus te wees. Sy geloofsreis het later tydens Jesus se aardse bediening begin, soos na verwys in Johannes 7:5 en bevestig word in die verslae van Jesus se verskynings na die opstanding (1 Kor. 15:7). Met verloop van tyd het Jakobus na vore getree as 'n prominente leier binne die Jerusalemse kerk, wat 'n deurslaggewende rol in sy vroeë geskiedenis gespeel het, soos opgemerk in Galasiërs 2:9 en Handelinge 15:13-21.

Ten spyte van sy familiale verbintenis met Jesus, kies Jakobus om nie hierdie verhouding in sy inleiding tot die sendbrief te beklemtoon nie. In plaas daarvan identifiseer hy homself as "'n dienskneg [doulos] van God en die Here Jesus Christus." Hierdie term " dienskneg " dui op sy volledige toewyding en onderwerping aan God die Vader en Jesus Christus, wat sy betekenisvolle geestelike toewyding illustreer. Interessant genoeg is Jakobus en sy broer Judas uniek onder Nuwe-Testamentiese skrywers deur hulself uitsluitlik as slawe-knegte te beskryf , 'n bewys van hul erkenning en statuur binne die vroeë Christelike gemeenskap.

Jakobus se doelbewuste keuse om te fokus op sy diensbaarheid aan God en Jesus Christus eerder as sy familiebande beklemtoon sy diep geestelike volwassenheid en teologiese perspektief. Deur homself te belyn as 'n dienskneg van God en Jesus, bevestig Jakobus hulle gelykheid en onwrikbare toewyding aan hulle gesag en heerskappy. Hierdie verklaring eggo uitdrukkings soortgelyk aan dié van ander Nuwe-Testamentiese figure. Dit beklemtoon James se betekenisvolle begrip van sy rol binne die goddelike orde en die vroeë Christelike kerk.

Jakobus se inleiding vestig sy identiteit en gesag as die skrywer van die brief. Dit beklemtoon sy betekenisvolle geestelike houding as 'n toegewyde dienaar van God en Jesus Christus. Sy nederige selfbeskrywing gee die toon aan vir die brief, en beklemtoon temas van gehoorsaamheid, getrouheid en die verhewe status van Jesus as Here langs God die Vader.

In die inleiding tot sy sendbrief kies Jakobus die term " kneg-kneg " (Grieks: doulos) nie as 'n teken van diensbaarheid nie, maar eerder as 'n kenteken van eer en betekenisvolle toewyding. Hierdie term, wat in die eerste eeu 'n genuanseerde betekenis gehad het, is in die Septuagint gebruik om gewaardeerde leiers soos Moses, Dawid en die profete te beskryf – individue wat bevoorregte en geëerde posisies in Israel beklee het (Deut. 34:5; 2 Sam. 7:5; Jer. Deur homself te identifiseer as 'n doulos van God en van die Here Jesus Christus, verklaar Jakobus met trots sy volledige en gewillige onderwerping aan beide God die Vader en Jesus Christus.

Vir Jakobus omsluit die term doulos sy heelhartige toewyding om Jesus Christus te dien. Dit dui nie net op 'n posisionele diensbaarheid nie, maar 'n diep verhoudingsverbintenis en geestelike trou. Hierdie inleidende selfbeskrywing gee die tematiese toon aan vir sy hele brief, en fokus op hoe gelowiges volgens hulle identiteit as dienaars van die Here Jesus Christus moet lewe.

Jakobus rig sy brief aan "die twaalf stamme in die verstrooiing," 'n frase wat algemeen verstaan word om te verwys na Joodse Christene wat buite Palestina woon (Matt. 19:28; Hand. 26:7). Terwyl sommige geleerdes suggereer dat Jakobus sy brief vir beide gelowige en ongelowige Jode bedoel het, het die inhoud van die brief duidelik ten doel om gelowiges in hul Christelike lewenswandel te onderrig en aan te moedig. Die temas van geloof, werke, wysheid, uithouvermoë en regverdige lewe deurdring Jakobus se brief en bied praktiese leiding vir diegene wat daarna streef om getrou te lewe as volgelinge van Jesus Christus.

Jakobus se gebruik van die term doulos beklemtoon sy gewaardeerde posisie as 'n toegewyde dienaar van God en Jesus Christus, wat sy beduidende geestelike toewyding beklemtoon en die verhoog vir sy leringe oor outentieke Christelike lewe stel. Sy brief bly 'n tydlose oproep tot opregte geloof wat uitgedruk word deur regverdige dade, soeke na wysheid en standvastige volharding, wat die transformerende krag weerspieël van 'n lewe wat oorgegee is aan die diens van die Here Jesus Christus.

Jakobus se brief begin met 'n groet gerig aan "die twaalf stamme in die verstrooiing", 'n frase wat tradisioneel verwys na Joodse Christene wat buite Palestina verstrooi is (Matt. 19:28; Hand. 26:7). Hierdie benaming beklemtoon Jakobus se perspektief op die eenheid en kontinuïteit van Israel wat al twaalf stamme insluit, wat die idee van verlore stamme verwerp en 'n holistiese siening van Israel se identiteit bevestig.

Hierdie ontvangers, waarskynlik lede van die Jerusalemse kerk wat na Stefanus se martelaarskap versprei het (Handelinge 8:1, 4; 11:19-20), het Jakobus se brief ontvang ongeag hulle geografiese ligging. Of dit nou binne Palestina of daarbuite is, Jakobus se boodskap oorskry spesifieke liggings, en bied normatiewe leiding vir beide Joodse en nie-Joodse Christene. Sy leringe weerspieël 'n eenheid in Christus wat etniese en geografiese grense oorbrug, wat gedeelde beginsels van geloof en regverdige lewe beklemtoon.

In teenstelling met interpretasies wat suggereer dat "die twaalf stamme" die kerk simbolies as 'n nuwe Israel voorstel, handhaaf Jakobus 'n letterlike begrip wat in Joodse erfenis gewortel is. Dwarsdeur die Nuwe Testament verwys "Israel" konsekwent na die fisiese afstammelinge van Jakob, wat die gebruik daarvan in die Ou Testament weerspieël. Jakobus se brief handhaaf dus hierdie tradisionele begrip sonder om teologiese innovasies rakende die kerk se samestelling in te voer.

James se vaardigheid in Grieks is duidelik deur sy welsprekende grammatika, sintaksis en woordeskatkeuses. Sy algemene Griekse groet "Groete" (Grieks: chairein) weerspieël sy vertroudheid met Hellenistiese konvensies. Dit gee 'n verwelkomende toon vir sy brief. Ten spyte van skryf aan 'n Joodse gehoor, gebruik James die taal en styl van kontemporêre Griekse letterkunde, wat duidelikheid en toeganklikheid vir sy lesers verseker.

Jakobus se inleidende opmerkings bevestig sy brief as 'n bewys van Christelike lewe gegrond in Joodse tradisie en breër Christelike beginsels. Sy gesaghebbende stem en duidelike prosa nooi lesers – ongeag hul agtergrond of ligging – om geloof te omhels, geregtigheid te beoefen en volgens die leringe van Jesus Christus te leef.

Toets van jou geloof

Jakobus open sy brief met 'n betekenisvolle verkenning van beproewinge. Hierdie tema resoneer diep met die ervarings van vroeë Joodse Christene en bly relevant vir gelowiges vandag. Deur 'n gemeenskap aan te spreek wat vertroud is met vervolging en opposisie – algemene ervarings vir Joodse bekeerlinge in die vroeë kerk – verskaf James geïnspireerde raad wat historiese konteks oorskry om blywende wysheid te bied.

Vir Joodse bekeerlinge in die vroeë kerk het die besluit om Christus te volg dikwels gelei tot intense vyandigheid van hul mede-Jode wat nie Jesus as die Messias omhels het nie. Hierdie antagonisme en vervolging, duidelik uitgebeeld in die boek Handelinge, het die uitdagings beklemtoon wat diegene in die gesig gestaar het wat vasstaan in hul geloof te midde van sosiale druk en verwerping.

In sy brief weerspieël Jakobus se behandeling van beproewings 'n pastorale besorgdheid om gelowiges toe te rus met 'n positiewe perspektief op teëspoed. Hy maak nie beproewinge af as betekenislose of bloot pynlike ervarings nie. Tog gee hy sy lesers opdrag om hulle deur 'n lens van geloof en volharding te beskou. Deur uithouvermoë aan te moedig en 'n ingesteldheid aan te moedig wat beproewinge as instrumente in God se hande sien, leer Jakobus dat hierdie uitdagings 'n doel dien om gelowiges te vorm in vate wat God verheerlik.

Die waarde van beproewings lê volgens James in hul transformerende krag. Eerder as struikelblokke vir geloof, word beproewings geleenthede vir groei, verfyning van karakter en verdieping van geestelike volwassenheid. Jakobus se woorde resoneer oor geslagte heen, en herinner Christene van alle ouderdomme daaraan dat die verduur van beproewings met getrouheid lei tot 'n versterkte, meer veerkragtige geloof.

Jakobus se leer oor beproewinge nooi gelowiges uit om 'n geloofsgebaseerde perspektief te omhels, met die erkenning dat God deur probleme werk om Sy mense te vorm in vate van eer en getuienis. Hierdie grondboodskap bly vir ewig relevant, en bied blywende aanmoediging en leiding om die lewe se uitdagings te navigeer met onwrikbare vertroue in God se soewereine voornemens.

1:2 Ag dit louter vreugde, my broeders, wanneer julle allerhande beproewinge teëkom,

In sy bespreking van beproewinge sluit Jakobus 'n breë spektrum van uitdagings in wat gelowiges in die gesig staar. Hierdie beproewings is nie beperk tot spesifieke probleme soos finansiële terugslae of persoonlike krisisse nie, maar sluit enige situasie in wat 'n persoon se geloof, integriteit of standvastigheid in die navolging van God se wil toets.

Die Griekse woord wat as "beproewings" of "versoekings" (peirasmois) vertaal word, dra 'n genuanseerde betekenis buite blote uiterlike ontberings. Dit dui op 'n toetsing of bewys van 'n mens se getrouheid, integriteit, deugsaamheid en standvastigheid. Dit sluit eksterne druk, teëspoed, interne stryd en versoekings in wat individue weglok van God se voornemens.

Jakobus verduidelik dat hierdie beproewings nie net toevallige gebeurtenisse is nie, maar situasies is waar gelowiges in die versoeking kom om te reageer op maniere wat teenstrydig is met God se wil. Hy beklemtoon dat hierdie beproewinge dien as toetse van geloof, wat gelowiges uitdaag om standvastig en gehoorsaam aan God te bly eerder as om te swig voor sondige gedrag of gesindhede.

Die konteks van Jakobus se brief beklemtoon sy gehoor: hy spreek hulle herhaaldelik aan as "my broers en susters" dwarsdeur die brief, wat hul status as medegelowiges in Christus bevestig. Hierdie familieadres, wat 15 keer in die brief voorkom, dui aan dat Jakobus aan Christene skryf wat die kompleksiteite van die uitleef van hul geloof in 'n uitdagende wêreld navigeer.

Wat belangrik is, is dat Jakobus nie die egtheid van hul geloof betwyfel nie. Selfs in gedeeltes soos Jakobus 2:14-26, waar hy die verhouding tussen geloof en werke bespreek, veronderstel Jakobus sy lesers se opregte toewyding aan Christus. Hierdie grondliggende begrip vorm James se vermanings en leringe dwarsdeur die brief, en begrond dit in die werklikheid van Christelike lewe te midde van beproewings en versoekings.

Jakobus se behandeling van beproewings sluit beide eksterne swaarkry en interne stryd in, en beklemtoon dat hierdie ervarings gelowiges in staat stel om in geloof te groei en hul toewyding aan God te demonstreer. Sy leiding bly vandag relevant en moedig Christene aan om beproewinge met geloof te trotseer, wetende dat God hierdie uitdagings gebruik om hulle karakter te versterk en te verfyn.

James het sy lesers aangeraai om beproewings en versoekings te benader met 'n perspektief wat aanvanklik teen-intuïtief kan lyk: vreugde. Hy het nie voorgestel dat hulle bly wees oor die beproewinge, asof pyn en lyding inherent goed is nie. Nogtans het hy hulle eerder aangemoedig om vreugde te vind in die geestelike groei en volwassenheid wat voortspruit uit getroue beproewinge.

Wanneer Jakobus sê: "Beskou dit alles vreugde, my broers en susters, wanneer julle verskillende beproewings teëkom" (Jakobus 1:2), pleit hy nie vir 'n masochistiese houding wat pyn vier nie. In plaas daarvan daag hy gelowiges uit om hul beproewinge as geestelike verfyning en ontwikkelingsgeleenthede te sien. Hierdie perspektief verskuif die fokus van die ongemak van beproewings na die voordelige uitkomste wat God daardeur kan produseer.

Die frase "alle vreugde" kan ook verstaan word as "suiwer vreugde," wat 'n vreugde onverdun en onaangeraak deur omstandighede beklemtoon. Hierdie soort vreugde is nie afhanklik van eksterne faktore nie. Tog is dit gewortel in 'n diep vertroue in God se soewereiniteit en sy oogmerke om beproewinge toe te laat.

Jakobus erken dat beproewinge van die wêreld af kom, ons sondige natuur (die vlees) en geestelike opposisie (die duiwel). Jakobus leer dat Christene met vreugde kan reageer ten spyte van hul oorsprong, want beproewings lei tot volharding, volwassenheid en 'n dieper vertroue op God (Jak. 1:3-4).

Daarom moedig Jakobus gelowiges aan om selfs te midde van moeilikhede 'n gesindheid van vreugde te handhaaf , wetende dat God hierdie uitdagings kan gebruik om 'n standvastige en volwasse geloof voort te bring. Hierdie Bybelse perspektief daag ons uit om God se wysheid en goedheid te vertrou, en glo dat hy groei en transformasie kan bewerkstellig deur elke beproewing wat ons in die gesig staar.

1:3 want julle weet dat die beproewing van julle geloof standvastigheid kweek. 1:4 En laat standvastigheid sy volle uitwerking hê, sodat julle volmaak en volkome kan wees en aan niks kortkom nie.

Volgens Jakobus dien beproewings 'n beduidende doel in die lewe van 'n gelowige - dit is nie arbitrêre lyding nie , maar opsetlike gereedskap wat God gebruik om ons geloof te verfyn en volwasse te maak. James begin deur sy lesers aan te spoor om beproewinge as geleenthede vir groei en geestelike ontwikkeling eerder as blote bronne van pyn of ongerief te beskou.

Die Griekse woord vir "toetsing" (dokimion) wat Jakobus gebruik, impliseer om die ware kwaliteit of karakter van iets deur middel van 'n beproewing te demonstreer. Net soos vuur goud toets en verfyn om die suiwerheid daarvan te openbaar, toets en openbaar beproewings die diepte en egtheid van ons geloof in God. Vir gelowiges toets beproewinge ons vertroue en gehoorsaamheid aan God, wat ons buite ons perke strek en ons uitdaag om meer volledig op Sy krag en wysheid staat te maak.

Jakobus beklemtoon dat hierdie beproewings wanneer dit met geduldige uithouvermoë (hypomonen) verduur word, uithouvermoë, standvastigheid en volharding in ons geloofsreis voortbring (Jak. 1:3-4). Hierdie uithouvermoë gaan nie net daaroor om swaarkry passief te verduur nie, maar om aktief vas te bly in geloof te midde van beproewinge, soos om standvastig in 'n storm te staan.

Die doel, soos Jakobus dit stel, is dat gelowiges "volmaak en volkome" moet word sonder om aan niks te kort nie (Jak. 1:4). Hierdie volmaaktheid (holokleros) verwys na om ten volle ontwikkel en volwasse te wees op elke noodsaaklike terrein van die lewe, wat die doel waarvoor God ons geroep het, vervul. Dit gaan daaroor om ons hoogste potensiaal in Christus te bereik, om te groei tot die gelykenis van Christus self (Matteus 5:48).

Daarom, in plaas daarvan om van beproewings te probeer ontsnap of hulle te vererg, moedig Jakobus gelowiges aan om hulle met vreugde te omhels. Hierdie vreugde gaan nie daaroor om pyn te vier nie, maar om te verheug in die transformerende werk wat God deur beproewings bewerkstellig. Dit is 'n erkenning dat God beproewinge gebruik om ons te vervolmaak, om ons nader aan Sy voorgenome doel vir ons lewens te bring.

Jakobus leer dat beproewinge nie struikelblokke vir ons geloof is nie, maar geleenthede om dit te verdiep en volwasse te word. Deur beproewinge met geloof en geduld te verduur, kan gelowiges groei tot die volheid van Christus-gelykvormigheid en effektiewe getuies word vir God se heerlikheid in die wêreld. Hierdie perspektief daag ons uit om beproewinge te omhels as deel van God se raffineringsproses, met die vertroue dat Hy alles saamwerk vir ons uiteindelike beswil en Sy eer.

Jakobus stel 'n betekenisvolle konsep in sy brief bekend: lewe deur geloof. Hierdie tema, wat die hele brief deurdring, beklemtoon die praktiese uitwerking van opregte geloof in die daaglikse lewens van gelowiges. Vir Jakobus is geloof nie bloot 'n vorige gebeurtenis van regverdiging nie , maar 'n deurlopende lewenstyl wat gekenmerk word deur vertroue in God en gehoorsaamheid aan Sy opdragte.

Soos sommige geleerdes voorstel, bevat die frase "toetse van 'n lewende geloof" Jakobus se klem op die onlosmaaklike verband tussen geloof en handeling. Dit spreek aan hoe opregte geloof hom manifesteer in die gelowige se gedrag en keuses, veral in die aangesig van beproewings, versoekings en daaglikse uitdagings.

Jakobus identifiseer 'n sleutelkwessie onder sy lesers: 'n verwronge begrip van redding deur geloof en die implikasies daarvan vir die daaglikse Christelike lewe. Hy konfronteer die wanopvatting dat geloof onafhanklik van werke kan bestaan of dat blote intellektuele instemming met leerstellings voldoende is vir 'n lewendige Christelike lewe. In plaas daarvan redeneer Jakobus passievol dat ware geloof noodwendig sigbare vrugte in die gelowige se gedrag en gesindhede moet voortbring.

Hierdie tema berei die weg vir Jakobus se latere bespreking in hoofstuk 2, waar hy die verhouding tussen geloof en werke aanspreek. Hy illustreer dat opregte geloof natuurlik moet lei tot optrede wat God se karakter en wil weerspieël wanneer dit deur beproewings en uitdagings getoets word . James se besorgdheid is nie net teoreties nie; dit is baie prakties, wat daarop gemik is om sy lesers te lei na 'n lewe van geestelike volwassenheid en integriteit.

Jakobus daag gelowiges uit om hul geloof outentiek uit te leef in elke aspek van die lewe. Hy spoor hulle aan om beproewinge te omhels om hul vertroue in God te demonstreer en toe te laat dat hul geloof hul reaksies op die wêreld rondom hulle vorm. Hierdie oproep om "deur geloof te lewe" dien as 'n roepstem vir Christene om hul oortuigings in lyn te bring met hul dade, om te verseker dat hul lewens getuig van die transformerende krag van 'n opregte verhouding met Christus.

1:5 **As iemand van julle wysheid kortkom, laat hom God bid, wat aan almal vrygewig gee sonder om te verwyt, en dit sal aan hom gegee word.**

In sy brief spreek Jakobus 'n kritieke aspek van Christelike lewe aan: die behoefte aan wysheid om beproewinge effektief te navigeer. Hy erken dat beproewinge dikwels tekortkominge openbaar, insluitend 'n gebrek aan wysheid - spesifiek die goddelike wysheid wat nodig is om uitdagings met 'n behoorlike perspektief te verduur.

Wanneer Jakobus van wysheid praat (Grieks: sophia), put hy uit die tradisie van Ou-Testamentiese wysheidsliteratuur, waar wysheid uitgebeeld word as die verstaan en toepassing van God se geopenbaarde waarheid in die daaglikse lewe. Dit is nie bloot intellektuele kennis nie, maar praktiese insig wat 'n mens se lewe in lyn bring met God se regverdige orde en wil (Hiebert, 1978). Hierdie wysheid, beweer Jakobus, is noodsaaklik vir gelowiges wat beproewinge in die gesig staar, aangesien dit hulle in staat stel om hierdie probleme vanuit God se perspektief eerder as die wêreld s'n te sien.

In die breër Bybelse konteks word wysheid dikwels geassosieer met die Heilige Gees, wat begrip verleen en gelowiges lei om volgens God se beginsels te lewe. Dit strook met Jakobus se lering dat die wyse Christen hom aan God se geopenbaarde waarheid onderwerp, veral in die Skrif.

James beklemtoon dat hoewel die wêreld probeer om beproewinge ten alle koste te vermy, en dit as suiwer negatiewe ervarings beskou, die Christelike perspektief anders moet wees. Eerder as om ontvlugting te soek, word gelowiges aangemoedig om beproewings met vreugde te omhels, wetende dat hulle 'n transformerende doel in hul geestelike groei dien. Hierdie perspektief kontrasteer skerp met wêreldse wysheid, wat dikwels onmiddellike troos en vermyding van ongemak prioritiseer.

Deur wysheid te verbind met die vermoë om beproewinge met vreugde en getrou te verduur, beklemtoon Jakobus die praktiese uitwerking van geloof. Wysheid bemagtig gelowiges om op beproewings te reageer, nie met wanhoop of ontduiking nie, maar met standvastigheid en 'n verdiepte vertroue in God. Hierdie begrip is deurslaggewend vir Jakobus se oorkoepelende tema van lewe deur geloof. Hierdie tema deurdring sy brief en lei gelowiges tot volwassenheid en volmaaktheid in Christus.

In Jakobus se vermaning aangaande wysheid beklemtoon hy die wesenlike aard van die verstaan van lewe vanuit God se perspektief. Hy moedig gelowiges aan om voortdurend hierdie wysheid deur gebed te soek, deur 'n huidige aktiewe imperatief in Grieks te gebruik wat deurlopende optrede aandui - wat impliseer dat om vir wysheid te vra 'n gereelde praktyk moet wees (Hodges, 1102).

Jakobus verseker gelowiges dat God mildelik reageer op diegene wat wysheid opreg soek. Hy gebruik terme soos "vrylik" en "genadiglik" om God se houding teenoor wysheid te beskryf, en beklemtoon dat God gee sonder verwyt of voorbehoud. Dit beteken dat God nie vorige mislukkings teen die versoeker hou of wysheid weerhou op grond van toekomstige tekortkominge nie (Hiebert, 224).

Hierdie belofte van God se vrygewige gee is gewortel in Sy karakter as 'n liefdevolle en wyse Vader wat wil hê dat Sy kinders in begrip en volwassenheid moet groei. Dit weerspieël die Bybelse beginsel dat God dit verheug om wysheid te gee aan diegene wat nederig vra, en vertrou op Sy voorsiening (Jesaja 42:3; Matteus 12:20).

James verduidelik egter dat die wysheid wat God gee nie noodwendig intellektuele briljantheid of 'n hoër IK is nie. Dit is eerder die vermoë om God se perspektief op beproewings en uitdagings te onderskei en te omhels. Dit strook met Jakobus se breër lering oor die volharding van beproewings met vreugde en volharding, wetende dat hierdie ervarings bydra tot geestelike groei en volwassenheid (Wiersbe , 13).

Daarom beklemtoon Jakobus se instruksie oor die soeke na wysheid die belangrikheid daarvan om 'n mens se begrip met God se waarheid in lyn te bring, veral in hoe gelowiges beproewinge benader en verduur. Hierdie strewe na wysheid is noodsaaklik om die lewensprobleme op 'n manier te oorkom wat God eer en Sy wysheid en genade weerspieël.

1:6 Maar laat hy in die geloof bid, sonder om te twyfel, want hy wat twyfel, is soos 'n golf van die see wat deur die wind gedrywe en voortgesweep word.

In Jakobus se onderrig oor gebed en geloof beklemtoon hy die kritieke rol van geloof as die grondslag van effektiewe gebed. Volgens Bybelse verstaan behels vra "in geloof" om te glo in God se beloftes of Sy vermoë om op te tree selfs wanneer spesifieke beloftes nie verwoord is nie (Matteus 8:1-4; Markus 4:35-41).

Jakobus beklemtoon dat geloof die noodsaaklike voorwaarde vir gebed is, wat 'n volkome vertroue in God se getrouheid en krag impliseer (Hiebert, 225). Die frase "sonder enige twyfel" in die NASB-vertaling word beter verstaan as vra "in geloof, vry van verdeelde motiewe en verdelende houdings" (Hodges, 1102). Dit maak duidelik dat Jakobus gemoeid is met 'n geloof wat onverdeeld, opreg en geheel en al op God staatmaak.

Wanneer gelowiges bid met verdeelde motiewe of twyfelagtige harte, vergelyk Jakobus dit met seegolwe wat deur eksterne kragte rondgeslinger word, soos wind (kludon in Grieks), wat hul stabiliteit en konsekwentheid versteur (Mayor, 31). Hierdie metafoor illustreer hoe 'n gebrek aan geloof en konsekwentheid in die vertroue op God se wil kan lei tot onstabiliteit in 'n gelowige se lewe, soortgelyk aan hoe golwe deur eksterne druk gedryf word eerder as interne standvastigheid in die Heilige Gees.

Die analogie van golwe wat deur die wind aangedryf word, beklemtoon die behoefte vir gelowiges om hul geloof stewig in God se karakter en beloftes te anker, teen die neiging om te wankel of deur omstandighede geslinger te word. Net soos die see se golwe wissel met eksterne toestande, so kan 'n gelowige se geloof ook wankel sonder 'n vaste vertroue in God se soewereiniteit en goedheid.

Daarom moedig Jakobus se opdrag gelowiges aan om met onwrikbare geloof tot God te bid, met vertroue op Sy vermoë om volgens Sy wil en doelwitte op te tree. Hierdie standvastige geloof versterk 'n mens se gebedslewe en bevorder geestelike stabiliteit te midde van wisselende omstandighede.

1:7 Want daardie persoon moet nie dink dat hy iets van die Here sal ontvang nie ;

So 'n individu se stryd is beide subjektief en objektief. Subjektief voel hulle dat hul omstandighede hul pad bepaal eerder as om op God se leiding te vertrou. Objektief gesproke is hierdie uitdagings werklik – aan die genade van onbeheerbare gebeure. Hierdie soort inkonsekwentheid, wat beskryf word as "dubbelsinnig" of "onstabiel" (Jakobus 1:8), weerspieël 'n weerstand teen God se transformerende werk deur beproewinge.

In plaas daarvan om toe te laat dat beproewinge hulle karakter en geloof verfyn, moet God hulle opvoed oor hulle houding teenoor hierdie uitdagings. In die konteks van Jakobus 1 verwys die term "enigiets" (Jakobus 1:7) hoofsaaklik na wysheid (Jakobus 1:5). As so 'n persoon versuim om God volkome te vertrou ("vra in geloof," Jakobus 1:6), verbeur hulle die vertroue wat voortspruit uit die wete dat God soewerein is oor hulle beproewings. Gevolglik kan hulle nie verwag om die geestelike wysheid wat hulle nodig het van die Here te ontvang nie.

Op 'n breër skaal ondermyn 'n gebrek aan vertroue in God die versekering om in Sy geopenbaarde waarheid te glo, wat Sy beheer oor alle aspekte van die lewe insluit.

1:8 hy is 'n dubbelhartige man, onbestendig in al sy weë.

In hierdie gedeelte beskryf die term "dubbelsinnig" (Grieks: dipsychos , lit. tweesiel; vgl. Jakobus 4:8) iemand wat net gedeeltelik vertrou en God gehoorsaam, sonder konsekwentheid in hul geloof. So 'n persoon word gekenmerk deur verdeelde opinies of getrouheid, soortgelyk aan individue soos Lot (vgl. Genesis 13-19), wat in hul lojaliteit gewankel het. Jesus het ook gepraat van die onmoontlikheid om twee here te dien (Matteus 6:24), en beklemtoon die onstabiliteit wat inherent is aan verdeelde toewyding.

Volgens die teks is die "dubbelsinnige" individu onstabiel en onstabiel, en toon 'n wispelturige en wankelende geloof soortgelyk aan iemand wat steier of steier soos 'n dronk persoon. Hierdie innerlike konflik is 'n voortdurende stryd tussen vertroue en wantroue in God.

Daarteenoor moedig Jakobus Christene aan om God se perspektief op beproewings te soek (Jakobus 1:3-4) deur gebed. Hy leer dat gelowiges vreugde kan vind selfs in beproewings wat hulle verlei om van God se wil af te dwaal. Hierdie vreugde spruit uit die wete dat om getrou te bly in teëspoed God toelaat om hierdie uitdagings te gebruik om geestelike volwassenheid te bewerkstellig en eer aan Homself te bring. So word beproewinge geleenthede vir groei en belyning met God se voornemens.

1:9 Laat die nederige broeder roem in sy verhoging,

Jakobus gaan voort met sy vermaning deur sy lesers aan te spoor om hulle perspektief in lyn te bring met God s'n ten opsigte van hulle beproewings (Jakobus 1:2-4). Nou brei hy hierdie advies uit om alle aspekte van hul omstandighede in te sluit.

In Jakobus 1:9 spreek hy materieel arm gelowiges aan en moedig hy hulle aan om vreugde te vind deur hulle gedagtes te fokus op hulle geestelike rykdom – hulle hoë posisie in Christus. Hierdie verskuiwing in perspektief daag hulle uit om verby hulle onmiddellike materiële gebrek te sien en die ewige waarde en waardigheid wat hulle as kinders van God besit, te erken. Hierdie geestelike rykdom staan in kontras met hul aardse armoede, en herinner hulle daaraan dat hul ware identiteit en waarde gevind word in hul verhouding met God eerder as hul materiële besittings.

Jakobus se lering beklemtoon die transformerende krag van die aanvaarding van God se standpunt. Deur hierdie perspektief te omhels, kan gelowiges selfs in uitdagende omstandighede vreugde en krag vind terwyl hulle hul identiteit en hoop in God se onveranderlike beloftes en seëninge anker.

1:10 en die ryke in sy vernedering, want hy sal verbygaan soos 'n blom van die gras.

Jakobus spreek die materieel rykes aan en maan hulle om die vlugtige aard van hul rykdom te onthou, wat "sal verbygaan". Hy moedig hulle aan om hul ware aansien voor God te erken, gekenmerk deur nederigheid eerder as trots op hul rykdom. Dit staan in skerp kontras met die gemeenskaplike gemeenskaplike klem op materiële sukses en status.

Die frase "om te roem in sy vernedering" (Jakobus 1:10) beklemtoon die paradoksale aard van die Christelike geloof, waar die omhelsing van nederigheid en die erkenning van 'n mens se geestelike armoede voor God 'n bron van ware eer word. Hierdie idee weerspieël die Bybelse tema dat God die nederiges verhef en die hoogmoediges afbring (Luk. 18:14).

James gebruik lewendige beelde om die verganklikheid van materiële rykdom te illustreer. Hy vergelyk die rykdom van die rykes met gras wat verdor en blomme wat verwelk, met die profetiese taal uit Jesaja 40:6-8. Hierdie metafoor beklemtoon nie net die verbygaande aard van aardse besittings nie, maar dien ook as 'n herinnering aan die beknoptheid van die lewe self.

Kommentators debatteer of Jakobus spesifiek gelowiges of 'n breër gehoor aanspreek met sy vermaning aan die rykes. Terwyl sommige argumenteer dat Jakobus waarskynlik verwys na ryk gelowiges, moontlik Joodse Christene, gegewe die konteks (Jakobus 1:1; 5:1-6), stel ander 'n breër toepassing voor, wat beide gelowiges en nie-gelowiges insluit. Hoe dit ook al sy, Jakobus se boodskap resoneer universeel: materiële rykdom het geen ewigheidswaarde in die aangesig van die dood en goddelike oordeel nie (1 Timoteus 6:9-10, 17-19).

Uiteindelik nooi Jakobus se leringe almal, ongeag hul materiële omstandighede, uit om hul ware waarde en sekuriteit te vind in God se genadige en liefdevolle besorgdheid, wat verbygaande aardse rykdom en eerbewyse te bowe gaan.

1:11 Want die son gaan op met sy versengende hitte en verdroog die gras; sy blom val, en sy skoonheid vergaan. So sal ook die ryk man in sy strewe verdwyn.

"Die blom" van "die gras", soos beskryf deur James, verteenwoordig sy lewendige, groen fase wanneer dit op sy hoogtepunt van gesondheid en vitaliteit is. Hierdie welige groei maak egter vinnig plek vir verwelking en verbruining in die dorre klimaat van die Midde-Ooste, wat die verbygaande aard van die lewe se voorspoed en skoonheid simboliseer (vgl. Matteus 6:30). Net so gebruik Jakobus hierdie beeldspraak om die rykes te waarsku dat hulle materiële oorvloed, soos die bloeiende gras, ook vinnig kan verdwyn ("uitsterf") (Jakobus 1:10; 4:13).

Die kontras tussen die rykes en die armes beklemtoon 'n dieper geestelike waarheid: aardse onderskeidings hou geen blywende betekenis in die lig van die ewigheid nie. 'n Ryk ongelowige se opmerking oor 'n arm Christenvriend beklemtoon hierdie perspektief, wat openbaar dat terwyl materiële rykdom agterbly by die dood, die getroue gelowige die ewige lewe beërwe (vgl. Jakobus 1:10).

Jakobus leer dat beide beproewings en triomf in die lewe tydelik is. Hierdie begrip dien om ons uithouvermoë te temper deur moeilikhede en beskerm teen oormoed in tye van sukses (Jakobus 1:2-4). Deur die vlugtige aard van aardse omstandighede te erken, word gelowiges aangemoedig om 'n veerkragtige geloof te kweek wat standvastig bly in elke seisoen van die lewe.

Die inleidende gedeelte van Jakobus (Jakobus 1:2-11) stem ooreen met die slot daarvan (Jakobus 5:7-20). Beide segmente beklemtoon die belangrikheid van geduld in teëspoed (Jak. 1:2-4; 5:7-12) en die krag van gebed in alle omstandighede (Jak. 1:5-8; 5:13-18). Hulle deel ook 'n tematiese fokus op die lewe se uiteenlopende ervarings en kontraste (Jakobus 1:9-11; 5:19-20), wat Jakobus se holistiese benadering tot geestelike wysheid en praktiese lewe in die Christelike geloof illustreer.

1:12 Welgeluksalig is die man wat onder beproewing standvastig bly, want as hy die toets deurstaan het, sal hy die kroon van die lewe ontvang wat God beloof het aan die wat Hom liefhet.

Jakobus het die transformerende doel van beproewings in die lewens van Christene ontvou, en illustreer hoe God dit gebruik om gelowiges te verfyn en te vervolmaak. Hy beklemtoon die belangrikheid daarvan om God se perspektief op beproewings te verkry, veral wanneer hul doel dalk deur moeilikheid verduister lyk.

Deur vorentoe te beweeg, spreek Jakobus die gevolge van gehoorsaamheid en ongehoorsaamheid aan en ondersoek hy die oorsprong van versoekings. Sy doel is om sy lesers toe te rus met die begrip wat nodig is om hul beproewings effektief te bestuur en standvastig in hul geloof te bly.

In die lig van God se voorgenome gebruik van beproewings, moedig Jakobus gelowiges aan om met vreugde te volhard in die wil van God. Hy beklemtoon dat elke uiterlike uitdaging ook 'n interne versoeking inhou - 'n aanloklikheid tot sonde (Jakobus 1:14). Daarom toon diegene wat beproewinge verduur sonder om voor hierdie versoekings te swig, hulle liefde vir God. Jakobus gebruik hier dieselfde Griekse woord vir beproewinge as in vers 2, en fokus nou op die negatiewe aspek van versoekings wat met toetsing gepaardgaan.

Diegene wat strawwe beproewings getrou verduur en versoekings uit liefde vir God weerstaan, word "die kroon van die lewe" belowe (Jakobus 1:12), wat die versekering weerspieël wat in Openbaring 2:10 gegee word. Hierdie kroon verteenwoordig die uiteindelike beloning - 'n ewige lewe vervul en 'n verhewe posisie by Christus, gereserveer vir diegene wat getrou bly deur beproewinge (Matteus 5:3-10; 5:11-12).

Jakobus verduidelik dat hierdie "lewe wat God beloof het" die aanvanklike gawe van ewige lewe wat by redding ontvang is, oorskry (Joh. 5:24). Dit dui op 'n hoër kwaliteit van lewe, toegeken as 'n beloning om getrou verder as aanvanklike geloof te volhard.

Jakobus reik egter ook 'n nugter waarskuwing uit deur die analogie van Esau, wat sy eersgeboortereg vir onmiddellike bevrediging verontagsaam het (Genesis 25:29-34). Net so kan Christene wat hulle geestelike erfenis onderskat, hulle seëninge verbeur. Ten spyte daarvan dat hulle erfgename van God se beloftes is, loop diegene wat hul geestelike eersgeboortereg verwaarloos verwerping van die uiteindelike seën wat vir die gelowiges gereserveer is.

Samevattend roep Jakobus gelowiges op om te volhard in hul geloof te midde van beproewinge, om die versoekings wat met hulle gepaardgaan te weerstaan, om sodoende die ewige beloning te verseker wat deur God belowe is vir diegene wat Hom liefhet en standvastig in gehoorsaamheid bly.

Jakobus beklemtoon die kritieke belangrikheid van opregte liefde vir God onder Christene, en beklemtoon dat nie almal wat aanspraak maak op geloof hierdie liefde werklik beliggaam nie (Jakobus 1:12). Selfs Jesus het dit nodig gevind om Sy dissipels aan te spoor aangaande hulle liefde vir Hom (Johannes 14:21-24), wat openbaar dat liefde vir God die diepste bewys word tydens beproewings en uitdagings.

Die konsep van krone ontvang in die Skrif simboliseer verskeie belonings wat aan getroue gelowiges toegeken word eerder as letterlike fisiese krone. Hierdie simboliese belonings beklemtoon eienskappe soos getrouheid, uithouvermoë, leierskap, lojaliteit aan Christus, evangelisasie, dissipelskap en die oorwinning van die wêreld (1 Korintiërs 9:25; 1 Tessalonisense 2:19; 2 Timoteus 4:8; Jakobus 1:12; Openbaring 2:10; 1 Petrus 5:4).

Hierdie krone en ander metafore soos edelmetale en kledingstukke dui op die ewige belonings wat op gelowiges wag wat hul liefde vir God demonstreer deur deur beproewinge te volhard en standvastig in hul geloof te bly. Hulle sluit nie net die belofte van oorvloedige ewige lewe in nie, maar sluit ook seëninge in soos om saam met Christus te regeer, intimiteit met Hom, en ewige aanvaarding en lof van God.

Gelowiges kan uitsien na 'n toekomstige erfenis wat toegang tot God se koninkryk, die ewige lewe en deelname aan die heerlikheid van Christus se heerskappy insluit. Diegene wat beproewinge getrou verduur en hul liefde vir God demonstreer, sal hierdie seëninge tot hul volle potensiaal in die hede en die toekoms beërwe.

1:13 Laat niemand as hy in versoeking kom, sê: Ek word deur God versoek nie, want God kan nie deur die kwaad versoek word nie, en Hy versoek niemand nie.

Jakobus maak 'n deurslaggewende onderskeid ten opsigte van beproewings en versoekings in die lewens van gelowiges duidelik. Hy stel dit onomwonde dat God nooit die bron van versoeking is nie (Jakobus 1:13). In teenstelling met sommige foutiewe oortuigings onder sekere Jode wat die bestaan van die bose impuls aan God se skepping toegeskryf het, beweer Jakobus dat God, wat heeltemal afgeskeie is van sonde, nie geassosieer kan word met die versoeking van enigiemand om te sondig nie (Jakobus 1:13).

In teologiese terme, terwyl God toelaat dat beproewinge en uitdagings in ons lewens voorkom – soos dié wat in die verhaal van Job geïllustreer word (Job 1-2) – verlei Hy ons nie aktief tot sonde nie. Die uiteindelike bronne van versoeking is die wêreld, die vlees (menslike natuur wat geneig is tot sonde), en die duiwel (Jakobus 4:7; 1 Petrus 5:8). Hierdie elemente, wat Jakobus nie uitdruklik in hierdie gedeelte noem nie, is die primêre beïnvloeders wat individue tot sondige optrede lei.

Jakobus se leer strook met Jesus se opdrag aan Sy dissipels oor gebed, spesifiek in die Onse Vader, waar Jesus 'n beeldspraak (litotes) gebruik om te beklemtoon dat ons God vra om ons nie in versoeking te lei nie (Matteus 6:13; Lukas 11:4). . Hierdie frase moet nie geïnterpreteer word as om te impliseer dat God Sy volk aktief versoek nie, maar beklemtoon eerder die belangrikheid daarvan om Sy leiding en beskerming teen versoeking se aanloklikheid te soek.

Die praktiese implikasie van Jakobus se lering is dat gelowiges op God se krag moet staatmaak om versoeking te weerstaan en deur beproewinge te volhard sonder om versoeking aan God toe te skryf. Hierdie begrip versterk die behoefte aan voortdurende afhanklikheid van God se leiding en genade, veral tydens teëspoed, om 'n getroue wandel met Hom te handhaaf.

1:14 Maar elkeen word versoek as hy deur sy begeerte gelok en verlok word.

Jakobus beklemtoon persoonlike verantwoordelikheid wanneer hy aan versoeking toegee eerder as om versoeking aan God toe te skryf. Hy maak duidelik dat God, in sy heiligheid en goedheid, nie positief op sonde reageer nie. Tog is dit in die menslike natuur om vatbaar te wees vir sondige begeertes (Jakobus 1:13).

Die term "begeerte" (epithymia), wat dikwels as "lus" vertaal word, dra 'n wyer betekenis in die Nuwe Testament, wat nie net seksuele passies insluit nie, maar ook selfsugtige en onwettige begeertes. Jakobus beklemtoon dat hierdie begeertes binne ons ontstaan, wat ons gevalle natuur weerspieël (Jakobus 1:14). Dit kontrasteer die karakter van God, wat onwankelbaar heilig en regverdig bly.

Om die onderskeid te verstaan tussen God wat beproewings toelaat en ons aktief versoek, is van kardinale belang. Jakobus trek 'n parallel met aardse vaderskap: net soos 'n liefdevolle vader nie probeer om sy kind in sonde te lei nie, maar hulle toelaat om uitdagings die hoof te bied en morele keuses te maak om te groei en volwasse te word, so laat God ons ook toe om beproewinge te trotseer, insluitend versoekings, vir ons geestelike groei (Jakobus 1:18; Lukas 11:13). God, as die volmaakte Vader, gee net goeie gawes aan Sy kinders, en soek hulle groei en volwassenheid eerder as hulle morele ondergang.

In praktiese terme, om te erken dat versoekings vanuit onsself of eksterne bronne ontstaan, maar nie van God nie, help gelowiges om beproewings te benader met 'n ingesteldheid van verantwoordelikheid en vertroue op God se leiding. Soos 'n bekwame onderwyser wat studente toets om groei te bevorder, laat God beproewinge toe om ons geloof en karakter te versterk, met die bedoeling om altyd geestelik volwasse te word en ons nader aan Hom te trek. Hierdie perspektief moedig gelowiges aan om God se wysheid en krag te soek om versoeking te weerstaan terwyl hulle die groeigeleenthede wat deur beproewinge gebied word, aangryp.

1:15 Dan baar die begeerte, wanneer dit bevrug word, sonde, en sonde, wanneer dit volwasse is, bring die dood voort.

In die konteks van Jakobus se leer verwys "lus" na enige begeerte wat poog om homself los van God se wil te bevredig. Dit sluit verborge begeertes in wat in die hart verborge is en openlike optrede wat as sonde manifesteer as dit nie beheer word nie (Jakobus 1:14-15). As dit nie gekontroleer word nie, lei wellus onvermydelik tot sonde, en onberouvolle sonde lei uiteindelik tot geestelike en dikwels fisiese dood (Romeine 6:21-23; 8:6).

Jakobus illustreer hierdie progressie lewendig met die analogie van bevrugting, geboorte en dood. Wanneer wellus swanger word en sonde baar, is die eindresultaat die dood—geestelike skeiding van God (Jakobus 1:15). Hierdie konsep staan skerp in kontras met God se begeerte om gelowiges in die volheid van die lewe en die belofte van die kroon van die lewe te lei vir diegene wat beproewinge getrou verduur (Jakobus 1:12).

Burgemeester se identifikasie van sewe opeenvolgende stadiums van versoeking beklemtoon hoe toegee aan wellus 'n geleidelike oorgawe van die wil aan sondige begeertes behels eerder as om aan God se leiding te onderwerp (Jakobus 1:14). Hierdie geleidelike proses, indien ongehinderd, lei individue verder weg van God se voorgenome pad van geregtigheid.

Martin Luther se analogie oor voëls wat bo-oor vlieg, maar nie in 'n mens se hare nesmaak nie, sluit in dat hoewel versoekings kan kom, gelowiges kan weerstaan om aan hulle toe te gee deur waaksaamheid en vertroue op God se krag (Jakobus 4:7).

Uiteindelik dwing Jakobus se boodskap gelowiges om sonde se erns en ernstige gevolge te konfronteer. Die beeldspraak van die dood dien as 'n skerp herinnering dat die pad van sonde weg lei van God se oorvloedige lewe en na geestelike dood. Om versoeking te weerstaan, daarenteen, lei tot die volheid van die lewe wat Christus belowe (Joh. 10:10).

Samevattend spoor Jakobus gelowiges aan om sonde in die kiem van wellus te snoei deur waaksaam te wees oor hulle begeertes, op God se krag te vertrou en Sy wil te gehoorsaam. Hierdie standvastigheid verseker dat gelowiges op die pad van die lewe wandel en die ewige belonings verseker wat belowe word aan diegene wat beproewinge getrou verduur.

1:16 Moenie dwaal nie, my geliefde broeders.

Jakobus spreek die kwessie van God se karakter en Sy handelinge met Sy kinders aan, met die doel om enige twyfel of wanopvattings oor God se goedheid en voornemens uit die weg te ruim (Jak. 1:16). Hierdie teologiese verdediging van God se karakter staan bekend as "teodisee", wat poog om God se geregtigheid en goedheid te regverdig ten spyte van die teenwoordigheid van boosheid en lyding in die wêreld.

Jakobus gebruik die nadruklike frase "Moenie mislei word nie," wat elders in die Skrif gebruik word om te waarsku teen die wanbegrip van God se weë (1 Korintiërs 6:9; 15:33; Galasiërs 6:7; 1 Johannes 3:7). Hy beweer onomwonde dat God nie die bron van versoeking tot sonde is nie (Jakobus 1:13). Om hierdie punt te illustreer, verwys Jakobus na die voorbeeld van Abraham, wat God getoets het deur hom te beveel om sy seun Isak te offer (Genesis 22:2). Hierdie toets was nie 'n versoeking om te sondig nie, maar 'n beproewing van Abraham se gehoorsaamheid, wat uiteindelik God se voorsiening en getrouheid demonstreer deur Isak se offer te voorkom (Genesis 22:12).

In verse 17 en 18 lig Jakobus God se aard en oogmerke verder toe. Hy beklemtoon dat elke goeie gawe en elke volmaakte gawe van bo kom, van die Vader van die ligte, wat onveranderlik en konsekwent in Sy goedheid is (Jakobus 1:17). Dit staan in skerp kontras met die waarskuwing om aan versoeking toe te gee in vers 15, wat die ernstige gevolge van swig voor sondige begeertes en dade beklemtoon.

Jakobus se teologiese refleksie het ten doel om gelowiges te verseker van God se standvastige karakter en Sy welwillende bedoelings teenoor hulle. Hy moedig hulle aan om God se goedheid en wysheid te vertrou, selfs in beproewings en uitdagings. Hierdie begrip help gelowiges om die misleiding te weerstaan dat God hulle tot sonde mag verlei. In plaas daarvan spoor dit hulle aan om die versekering van God se goedheid en genade in alle omstandighede te omhels.

1:17 Elke goeie en volmaakte gawe daal van bo af neer van die Vader van die ligte, by wie daar geen verandering of skaduwee is as gevolg van verandering nie.

Jakobus beklemtoon dat elke daad van gee en elke volmaakte gawe van God afkomstig is (Jakobus 1:17). Die Griekse teks gebruik twee duidelike woorde om dit uit te lig: " dosis ," wat die handeling van gee aandui, vergesel van die byvoeglike naamwoord vir goed, en " dorema ," wat verwys na die werklike gawes wat ontvang is, voorafgegaan deur die byvoeglike naamwoord vir volmaak. Hierdie uitdrukkings beklemtoon God se gee is deurgaans goed, en Sy gawes is altyd volmaak (Jakobus 1:17).

In teenstelling met die goedheid en volmaaktheid van God se gawes, verduidelik Jakobus dat versoekings om te sondig nie van God af kom nie (Jakobus 1:13). Net soos God die son en maan geskep het om lig en variasie te bring, word Sy karakter en optrede gekenmerk deur onwrikbare konsekwentheid en reinheid, sonder enige variasie of skaduwee van draai (1 Johannes 1:5). Hierdie onveranderlike natuur verseker dat alles wat God doen uiteindelik tot Sy eer en tot voordeel van Sy skepping is.

Die frase "van bo," vertaal uit die Griekse woord " anothen ", eggo Jesus se lering aan Nikodemus oor die noodsaaklikheid om wedergebore te word (Johannes 3:7). In hierdie konteks simboliseer wedergeboorte die wedergeboorte as 'n gawe van God, wat Sy genade en transformerende krag in die lewens van gelowiges illustreer.

Jakobus se uitbeelding van God as die Vader van die ligte, suiwerder en duideliker as alle geskape ligbronne, versterk die onmoontlikheid dat Hy enigiemand tot boosheid versoek (Jakobus 1:17). Hierdie perspektief dien om gelowiges te anker in die sekerheid van God se goedheid en Sy onwrikbare verbintenis om aan hulle volmaakte gawes te voorsien wat lei tot geestelike groei en florering.

1:18 Hy het ons voortgebring deur die woord van die waarheid, uit sy eie wil, dat ons 'n soort eerstelinge van sy skepsele sou wees.

Jakobus beklemtoon dat die grootste geskenk wat God aan gelowiges skenk, die gawe van nuwe lewe in Christus is. Hierdie gawe spruit uit God se doelbewuste inisiatief, beskryf as "die uitoefening van Sy wil," wat Sy soewereine keuse beklemtoon om die ewige lewe te gee deur Sy spesiale openbaring, wat dikwels na verwys word as "die woord van waarheid" (Jakobus 1:18).

Jakobus se bevestiging van die ewige lewe as 'n gawe beklemtoon sy geloof in God se genade as die grondslag van verlossing. Hierdie perspektief strook met die Pauliniese teologie, waar verlossing uit God se soewereine wil ontstaan (Romeine 4:21-22; 2 Korintiërs 4:6). God inisieer hierdie gawe uit Sy eie wil, en beklemtoon Sy rol as die outeur en gewer van lewe.

Die "eerste vrugte"-metafoor in vers 18 verwys waarskynlik na gelowiges wat getrou deur beproewinge volhard. In antieke Israel was die eerste vrugte 'n spesiale offer aan God, wat uitnemendheid en eer simboliseer. Net so bring diegene wat standvastig bly in hul getrouheid aan Christus eer en eer aan God deur hul volharding.

Jakobus se boodskap in verse 17-18 is duidelik: God se bedoeling vir alle mense, veral gelowiges, is altyd vir hulle seën en groei. Eerder as om versoekings te beskou om van God se wil af te dwaal as gestuur deur die hemel, spoor Jakobus gelowiges aan om dit as potensiële struikelblokke vir geestelike groei te erken. Deur hierdie versoekings te weerstaan, versterk gelowiges hulleself in hierdie lewe en verwag hulle 'n heerlike beloning in die toekoms.

Die kontras tussen Satan se doel met versoeking – om die ergste in die mensdom na vore te bring – en God se doel – om die beste na vore te bring – is duidelik. Satan poog om te ondermyn en te vernietig, terwyl God beproewinge en versoekings toelaat om Sy volk te verfyn en te versterk (vgl. Job 1-2).

Jakobus verskaf 'n omvattende siening van versoeking se bron, proses en oplossing, en beklemtoon God se rol as die gewer van elke goeie en volmaakte gawe, veral die ewige lewe deur Christus. Hierdie grondliggende begrip lê die verhoog vir Jakobus se daaropvolgende bespreking oor geloof. Dit werk in hoofstuk 2 en beklemtoon die onlosmaaklike verband tussen opregte geloof, standvastige uithouvermoë en die transformerende krag van God se genade.

Die Woord hoor en doen

In sy vermaning om op beproewinge te reageer, beklemtoon Jakobus die deurslaggewende rol van die Woord van God. Hy beklemtoon ontvanklikheid, responsiwiteit en gelatenheid vir God se Woord, onontbeerlik vir geestelike groei en weerstand teen versoekings (vgl. Matteus 4:1-11).

Jakobus beklemtoon die belangrikheid van **ontvanklikheid vir die Woord** as die eerste stap. Om oop te wees en God se Woord te aanvaar, laat gelowiges toe om goddelike leiding en wysheid te ontvang te midde van beproewings. Hierdie ontvanklikheid behels die hoor van die Woord en die internalisering van die waarhede en beginsels daarvan in 'n mens se hart en verstand.

Reaksie op die Woord volg natuurlik uit ontvanklikheid. Dit behels die aktiewe toepassing van die leringe en opdragte wat in die Skrif gevind word op 'n mens se lewe. Net soos Jesus op elke versoeking in die woestyn gereageer het met gepaste skrifte, het Jakobus sy lesers aangemoedig om God se Woord te gebruik teen die aanloklikheid van sonde en die beproewinge wat hulle geloof toets.

Berusting by die Woord voltooi die siklus deur klem te lê op 'n standvastige verbintenis om volgens God se Woord te lewe. Dit behels om jou wil aan God se gesag oor te gee en jou optrede en besluite in lyn te bring met die waarhede wat in die Skrif geopenbaar word. Sulke gelatenheid erken dat God se Woord die uiteindelike leiding en standaarde verskaf om beproewinge en uitdagings te navigeer.

Deur sy vermaning in die Woord van God te begrond, beklemtoon Jakobus die transformerende krag daarvan om gelowiges toe te rus met geestelike onderskeidingsvermoë, krag en volharding. Net soos Jesus op die Skrif staatgemaak het om versoeking te oorkom, moedig Jakobus sy lesers aan om dit te volg, wetende dat die Woord die kennis en krag verskaf om deur beproewings te verduur en te groei.

1:19 Weet dit, my geliefde broeders: laat elke mens gou wees om te hoor, stadig om te praat, stadig om toornig te word;

James beklemtoon die behoefte vir sy lesers om hul optrede in lyn te bring met hul kennis, veral in reaksie op beproewinge. Ten spyte daarvan dat hy aan hierdie beginsels herinner word (verse 17-18), beklemtoon Jakobus dat blote kennis nie genoeg is nie – dit moet met ooreenstemmende handelinge gepaardgaan.

Hy begin deur te waarsku teen algemene negatiewe reaksies op beproewinge, soos kla en woede. In plaas daarvan raai hy sy lesers aan om selfbeheersing te beoefen: om "stadig om te praat" en "stadig om kwaad te wees." Hierdie raad moedig hulle aan om kalmte te behou en impulsiewe reaksies te vermy wat hulle situasie kan vererger of tot sonde kan lei.

Jakobus dring daarop aan om aktief te luister en te onderwerp aan die Woord van God, en bepleit dat gelowiges "vinnig moet wees om" God se instruksies te hoor. Dit gaan nie net oor die meganiese lees van die Skrif nie, maar om aandagtig te luister met 'n ontvanklike hart en 'n gewilligheid om die leerstellings daarvan in hul lewens toe te pas.

Die wysheid wat Jakobus gee, resoneer met praktiese raad wat in verskeie spreuke gevind word (vgl. Spreuke 10:19; 13:3; 14:29; 15:1; 17:27-28; 29:11, 20) en maak gebruik van kulturele gesegdes wat beklemtoon die belangrikheid van luister bo praat. Hy roep die beeld van twee ore en een mond aan, wat suggereer dat effektiewe kommunikasie met God en ander meer luister as praat behels.

James daag sy lesers uit om wysheid te beliggaam deur hul optrede in reaksie op beproewinge: om hul tonge in toom te hou, hul emosies te beheer en aktief na God se Woord te luister. Hierdie benadering bevorder persoonlike groei en volwassenheid en bevorder harmonie en effektiewe kommunikasie in hul verhoudings.

1:20 want die toorn van die mens bring nie die geregtigheid van God voort nie.

Jakobus beklemtoon dat om woedend op versoekings te reageer nie strook met die geregtigheid wat God in gelowiges se karakter en gedrag wil aankweek nie. In plaas daarvan om toe te laat dat beproewings en versoekings hulle verbitter, moedig James sy lesers aan om die lewensuitdagings as geleenthede vir persoonlike groei en verbetering te beskou.

Hy lewer kritiek op 'n misleide benadering wat poog om geregtigheid deur polities gemotiveerde of gewelddadige middele te bewerkstellig, 'n tema waarop hy later in sy brief uitbrei (4:1-3). Hierdie veroordeling weerspieël James se breër besorgdheid oor hoe gelowiges beproewinge en konflikte navigeer, en pleit vir reaksies wat in God se wysheid gewortel is en gekenmerk word deur geregtigheid eerder as woede of wêreldse strategieë.

James moedig sy lesers aan om beproewinge te omhels as hulpmiddels vir geestelike verfyning, wat 'n ingesteldheid bevorder wat groei in geregtigheid soek eerder as bitterheid in reaksie op die lewensprobleme. Hierdie perspektief beklemtoon James se praktiese wysheid en pastorale besorgdheid oor die holistiese welstand van sy gehoor.

1:21 Verwyder dan alle vuilheid en oorvloedige boosheid en ontvang met sagmoedigheid die ingeplante woord wat julle siele kan red.

Jakobus gebruik die term "vuilheid" om alle vorme van onsuiwer gedrag in te sluit wat buite God se wil lê, wat manifestasies soos woede en woede kan insluit. Hy verwys ook na die "oorblyfsels van goddeloosheid", wat die voortslepende gewoontes en gesindhede uit 'n mens se vorige, onverloste lewe is (vgl. Psalms 17:4; Lukas 6:45). Vir gelowiges beveel Jakobus 'n onderdanige aanvaarding van God se geopenbaarde waarheid ("in nederigheid ontvang die woord") en 'n samewerkende reaksie op Sy opdragte. Hierdie ontvanklike gesindheid laat die Woord van God diep wortel skiet, wat die groei van regverdige karakter en gedrag in die gelowige bevorder.

Die frase "wat jou siele kan red" het 'n paar interpreterende debatte ontketen. Sommige stel voor dat dit 'n behoefte aan voortdurende verlossing van ewige verdoemenis vir James se Christelike lesers impliseer. Jakobus se konteks en gebruik maak egter duidelik dat hierdie frase nie 'n verlies aan verlossing of 'n behoefte aan herredding na sonde impliseer nie. Die Griekse woord "psige", wat dikwels as "siel" vertaal word, kan eerder ook as "lewe" verstaan word, wat na die hele persoon verwys. In hierdie sin beklemtoon Jakobus dat die Woord van God kragtig is om die geestelike lewe van gelowiges te bewaar en te verryk, en hulle te help groei in geloof en geregtigheid.

Hierdie begrip strook met die breër Nuwe-Testamentiese leerstellings waar "red julle siele" of "red julle lewens" verwys na die behoud en verbetering van 'n mens se geestelike lewe eerder as aanvanklike verlossing van sonde. Jakobus moedig dus sy lesers aan om God se Woord nederig en gehoorsaam te omhels, wetende dat dit die transformerende krag het om 'n vrugbare en regverdige lewe in Christus te kweek.

Jakobus beklemtoon dat deur gehoorsaam te wees aan God se Woord, die gelowige hulle lewe kan bewaar – wat beteken hulle hele persoon – teen die vernietigende gevolge van sonde. Terwyl ewige verlossing veilig is deur geloof in Christus, spreek Jakobus die praktiese gevolge van sonde in die gelowige se lewe aan, wat tot verskeie vorme van dood kan lei, insluitend fisiese gevolge soos siekte of selfs voortydige fisiese dood (vgl. Jakobus 1:15; 5:19-20; Spreuke 11:19;

Die idee van die dood as 'n gevolg van sonde resoneer diep met die wysheidsliteratuur van die Ou Testament, veral in Spreuke, waar die verhouding tussen regverdige lewe en lewe en dwaasheid wat tot die dood lei 'n herhalende tema is. Jakobus gebruik hierdie agtergrond om die praktiese uitkomste van gehoorsaamheid of ongehoorsaamheid aan God se opdragte uit te lig. Vir Jakobus lei gehoorsaamheid aan God se Woord tot die "kroon van die lewe" (Jakobus 1:12), wat geestelike lewenskragtigheid en beloning simboliseer. Daarteenoor kan ongehoorsaamheid tot verskeie nadelige uitkomste lei, insluitend fisiese en geestelike gevolge.

Om hierdie konteks te verstaan, verduidelik Jakobus se klem op die praktiese implikasies van geloof en gehoorsaamheid in die Christelike lewe. Dit beklemtoon die belangrikheid daarvan om 'n mens se gedrag in lyn te bring met God se wil vir geestelike groei en seën en om die skadelike gevolge van ongehoorsaamheid te vermy. Jakobus moedig dus sy lesers aan om wysheid en geregtigheid te omhels, wetende dat dit lei tot 'n lewe wat God eer en die slaggate van sonde en die reperkussies daarvan vermy.

1:22 Maar wees daders van die woord, nie alleen hoorders nie, en mislei julleself.

Jakobus 1:19-21 fokus daarop om na die Woord van God te luister en te ontvang. In verse 22-25 beklemtoon Jakobus egter die deurslaggewende stap om die Woord toe te pas of in die praktyk te bring.

Jakobus verklaar dat bloot om God se Woord te hoor onvoldoende is; ware gehoorsaamheid behels die aktiewe uitlewing van God se opdragte, veral wanneer jy voor versoekings te staan kom wat jou toewyding aan God se wil uitdaag. Hy waarsku teen selfbedrog onder Christen-dissipels wat dalk glo dat blote kennis van God se wil genoeg is sonder ooreenstemmende optrede. In plaas daarvan beklemtoon Jakobus dat die hoor en verstaan van God se Woord natuurlik moet lei tot gehoorsame lewe.

Volgens Jakobus is die praktiese toepassing van God se Woord noodsaaklik vir opregte geloof en geestelike groei. Hy illustreer dit met die analogie van 'n persoon wat na hul weerkaatsing in 'n spieël kyk en dadelik vergeet hoe hulle lyk sodra hulle wegdraai. Net so is diegene wat die Woord hoor maar dit nie op hul lewens toepas nie, soos individue wat hul refleksie sien, maar versuim om enige kwessies wat geopenbaar word aan te spreek.

Jakobus beklemtoon dat die seën en voordeel nie net kom deur die Woord te hoor of te bestudeer nie, maar om aktief te doen wat dit sê. Hierdie klem op praktiese gehoorsaamheid weerspieël die kernboodskap van sy brief, en moedig gelowiges aan om hul geloof met hul dade in die daaglikse lewe te integreer. Vir Jakobus se oorspronklike gehoor, gewoond daaraan om die Skrif hardop in sinagoges te hoor lees, sou sy vermaning diep aanklank gevind het as 'n oproep om hul geloof outentiek en konsekwent uit te leef.

1:23 Want as iemand 'n hoorder van die woord is en nie 'n dader nie, is hy soos 'n man wat in 'n spieël na sy natuurlike gesig kyk. 1:24 Want hy kyk na homself, verdwyn en vergeet hoe hy was.

Jakobus se illustrasie in verse 23-24, wat die persoon wat die Woord hoor, maar dit nie doen nie vergelyk met iemand wat na hul weerkaatsing in 'n spieël kyk en dan hul voorkoms vergeet, is inderdaad reguit en word wyd verstaan. Die Griekse werkwoord "katanoeo" impliseer 'n doelbewuste en aandagtige waarneming eerder as 'n vinnige of oppervlakkige blik.

Hierdie metafoor beklemtoon die belangrikheid van 'n deurdagte en nadenkende reaksie op God se Woord. Net soos 'n persoon wat in 'n spieël kyk, hul weerkaatsing sorgvuldig ondersoek om enige onvolmaakthede of aanpassings te onderskei wat nodig is, so moet gelowiges God se Woord versigtig benader en gereed wees om die leringe daarvan toe te pas. Die spieël verteenwoordig die Woord van God, wat waarhede oor jouself en God se wil openbaar.

Jakobus se gebruik van " katanoeo " beklemtoon die behoefte vir gelowiges om diep betrokke te raak by die Skrif, nie net om die oppervlak daarvan te vlugtig nie. Dit beklemtoon die oproep om God se Woord aandagtig te bestudeer en te internaliseer, sodat die waarhede daarvan hul gedagtes, gesindhede en optrede vorm. Hierdie benadering kontrasteer met passiewe gehoor of lees sonder aktiewe reaksie of gehoorsaamheid.

Samevattend, Jakobus gebruik die spieëlillustrasie om die belangrikheid van opsetlike en deeglike betrokkenheid by God se Woord te beklemtoon, en moedig gelowiges aan om die leerstellings ywerig toe te pas.

1:25 Maar hy wat insien in die volmaakte wet, die wet van vryheid, en volhard, omdat hy geen hoorder is wat vergeet nie, maar 'n dader wat handel, sal geseënd wees in sy daad.

Jakobus verwys na "die wet" as die openbaring van God se wil vir Christene wat in die Skrif gevind word, wat dikwels as volmaak beskryf word omdat dit die foutlose wil van God self weerspieël (vgl. Matteus 5:17). Anders as 'n gebrekkige metaalspieël, verskaf hierdie wet 'n duidelike en onverdraaide weerspieëling van 'n mens se geestelike toestand.

Die term "wet van vryheid" dui daarop dat deur gehoorsaamheid aan God se Woord, gelowiges ware bevryding vind van sonde en die vernietigende gevolge daarvan, en daardeur ware lewe ervaar soos deur God bedoel (Jakobus 1:25). Hierdie konsep strook met Jesus se lering oor vryheid in waarheid (Johannes 8:31-32), en beklemtoon dat die nakoming van God se Woord nie beperkend is nie, maar eerder gelowiges bemagtig om volgens hulle ware identiteit in Christus te lewe.

Jakobus stem saam met Paulus oor die vryheid wat Christene het onder die "wet van Christus", wat in kontras staan met die wettiese beperkings van die Mosaïese Wet (Galasiërs 5:1; 6:2; 1 Korinthiërs 9:21). Die brief van Jakobus word diep beïnvloed deur hierdie volmaakte wet van Christus, veral die beginsels wat in die Bergpredikasie (Matteus 5-7) verwoord word, wat dien as 'n fundamentele gids vir Christelike lewe.

Samevattend beklemtoon Jakobus die transformerende krag van God se Woord – die volmaakte wet van Christus – as noodsaaklik vir gelowiges om God se seëninge in die huidige lewe en die toekoms wat deur God belowe is, te ervaar (Matteus 5:3-11). Hierdie lering beklemtoon die belangrikheid daarvan om God se Woord te hoor en te ontvang en dit aktief te gehoorsaam, wat sentraal staan in Jakobus se vermaning dwarsdeur sy sendbrief.

1:26 As iemand meen dat hy godsdienstig is en sy tong nie in toom hou nie, maar sy hart bedrieg, die godsdiens van hierdie persoon is waardeloos.

Jakobus stel die term "godsdienstig" (Gr. threskos) in Jakobus 1:26 bekend, 'n woord wat net een keer in die Nuwe Testament voorkom. Dit dui op iemand wat uiterlik hul vrees of aanbidding van God uitdruk deur godsdienstige vierings soos aalmoese gee , gebed, vas en gereelde bywoning van eredienste en feeste. Hierdie praktyke is algemeen gesien onder Jode, wat die primêre gehoor van Jakobus se brief gevorm het.

James daag egter sy lesers uit deur te beweer dat ware spiritualiteit nie bloot deur eksterne godsdienstige handelinge gedemonstreer word nie. Hy beklemtoon eerder die belangrikheid daarvan om die tong te beheer as 'n meer akkurate maatstaf van 'n mens se geestelike volwassenheid (Jakobus 3:1-12). Hierdie verskuiwing in fokus dui daarop dat hoewel godsdienstige praktyke hul plek het, dit gepaard moet gaan met opregte hartstransformasie en etiese gedrag.

Jakobus se kritiek strook met Jesus se leringe in Matteus 6:1-18, waar Jesus waarsku teen die beoefening van geregtigheid bloot vir openbare erkenning. In plaas daarvan moedig Jesus opregtheid en egtheid aan in 'n mens se toewyding aan God, en beklemtoon die innerlike ingesteldheid van die hart bo eksterne vertoon van vroomheid.

Jakobus se gebruik van "godsdienstig" beklemtoon die spanning tussen uiterlike godsdienstige handelinge en die innerlike transformasie wat opregte geloof moet vergesel. Hy moedig sy lesers aan om 'n lewe van integriteit en selfbeheersing te prioritiseer, veral in hoe hulle hul woorde gebruik, wat hy later in sy toespraak oor die krag en verantwoordelikheid van spraak uiteensit (Jakobus 3:1-12).

1:27 Die suiwer en onbesmette godsdiens voor God die Vader is dit: om weeskinders en weduwees in hulle verdrukking te besoek en jouself onbevlek van die wêreld te bewaar.

Jakobus beklemtoon in Jakobus 1:27 dat ware godsdiens meer behels as uiterlike dade van vroomheid of godsdienstige onderhouding. Hy lig twee sleutelaspekte uit wat ware spiritualiteit weerspieël: die versorging van kwesbare individue soos weeskinders en weduwees en die handhawing van morele reinheid.

Die sorg vir "weeskinders en weduwees" hou betekenisvolle Bybelse presedent in, wat God se hart weerspieël vir die gemarginaliseerde en kwesbare lede van die samelewing (Eksodus 22:22-24; Deuteronomium 10:18; Jesaja 1:17; Jeremia 5:28; Esegiël 22: 7; Sagaria 7:10). Dit dui nie net op welwillende optrede nie, maar 'n dieper verbintenis tot sosiale geregtigheid en deernis, wat 'n mens se gedrag in lyn bring met God se deernisvolle karakter.

Net so verwys "suiwer en onbesmet" morele reinheid na die lewe vry van morele besoedeling, beide in aksie en denke. Hierdie reinheid is nie bloot uiterlik nie, maar spruit uit innerlike integriteit en opregte toewyding aan God se standaarde (Handelinge 15:20; 1 Timoteus 5:22). Jakobus se klem op reinheid beklemtoon die belangrikheid daarvan om 'n regverdige karakter te handhaaf wat God se heiligheid weerspieël.

Deur Jakobus 1:27 te interpreteer, word dit duidelik dat ware godsdiens oppervlakkige godsdienstige handelinge of rituele te bowe gaan. Dit behels 'n holistiese verbintenis om God se waarheid daagliks te beoefen, liefde teenoor ander te toon deur deernis en die handhawing van persoonlike integriteit voor God en die samelewing. Hierdie omvattende benadering tot geloof strook met Jesus se leringe, wat die integrasie van interne geregtigheid met eksterne uitdrukkings van liefde en geregtigheid beklemtoon.

Jakobus roep dus gelowiges op om hul geloof outentiek uit te leef, nie net om dit met woorde te bely nie, maar om dit te demonstreer deur dade van deernis en morele opregtheid. Hierdie praktiese toepassing van geloof is 'n tasbare uitdrukking van 'n mens se verhouding met God. Dit weerspieël 'n opregte nakoming van die beginsels van God se koninkryk.

In Jakobus Hoofstuk 1 dien die praktiese kwessies van beproewings en versoekings as agtergrond vir dieper geestelike lesse wat breedweg van toepassing is op Christelike lewe. Jakobus gebruik hierdie uitdagings om fundamentele waarhede uit te lig wat grondliggend is vir 'n konsekwente toewyding aan God en gehoorsaamheid aan Sy Woord.

Jakobus beklemtoon hoe belangrik dit is om gepas te reageer op versoekings wat ons weglei van God se wil. In plaas daarvan om voor hulle te swig, moedig Jakobus gelowiges aan om hierdie versoekings onwrikbaar te verwerp. Hierdie reaksie gaan nie net oor vermyding nie, maar ook oor verheuging in beproewings. Hierdie perspektief spruit voort uit die oortuiging dat God beproewings en versoekings gebruik om ons geloof tot sy eer te volwasse en te versterk.

Deur hierdie benadering te aanvaar, toon gelowiges 'n opregte godsdienstige verbintenis wat uiterlike dade van vroomheid te bowe gaan. Dit behels 'n innerlike transformasie wat 'n diep vertroue in God se soewereiniteit en goedheid weerspieël. Eerder as om beproewinge as hindernisse te beskou, leer James dat dit geleenthede vir geestelike groei en verfyning kan wees.

Daarom moedig Jakobus Christene aan om 'n standvastige geloof te handhaaf in die aangesig van beproewinge, wetende dat God deur hierdie uitdagings werk om ons karakter en geloof te verdiep. Hierdie gesindheid versterk ons verhouding met God en getuig van Sy transformerende krag, wat ware toewyding en gehoorsaamheid aan Sy wil illustreer.

Hoofstuk 1 Opsomming

Inleiding en groet (Jakobus 1:1): Jakobus, geïdentifiseer as die skrywer en waarskynlik die broer van Jesus, rig hierdie brief aan die Joodse Christene wat oorsee versprei is, en beklemtoon volharding in beproewings.

Vreugde in beproewings (Jakobus 1:2-4): Jakobus begin deur gelowiges aan te moedig om vreugde te tel wanneer hulle verskeie beproewings in die gesig staar. Hy verduidelik dat beproewinge ons geloof toets, wat standvastigheid voortbring, wat lei tot geestelike volwassenheid. Hy moedig gelowiges aan om standvastigheid sy volle uitwerking te laat hê, sodat hulle volmaak en volledig kan wees, sonder gebrek aan niks.

Wysheid in beproewings (Jakobus 1:5-8): Jakobus gee gelowiges opdrag om God vir wysheid te vra wanneer hulle beproewinge in die gesig staar, en verseker hulle dat God mildelik gee sonder verwyt. Hy waarsku egter teen twyfel, en let daarop dat 'n dubbelhartige persoon onstabiel is in al sy weë en nie moet verwag om iets van die Here te ontvang nie.

Ryk en arm (Jakobus 1:9-11): Jakobus spreek die rykes en die armes aan en dring aan by beide om hul identiteit te vind in hul geestelike posisie voor God eerder as in hul rykdom of armoede. Hy waarsku die rykes van die verbygaande aard van hul rykdom en die armes van hul waardigheid in Christus.

Volharding in versoeking (Jakobus 1:12-18): Jakobus beklemtoon die seën van die een wat beproewinge verduur, en beloof die kroon van die lewe aan diegene wat God liefhet. Hy verduidelik dat God niemand met kwaad versoek nie maar die gewer is van elke goeie en volmaakte gawe. Hy verduidelik hoe versoeking ontstaan uit ons eie begeertes, wat, wanneer dit verwek word, geboorte gee aan sonde en uiteindelik tot die dood lei.

Luister en doen (Jakobus 1:19-27): Jakobus beklemtoon die belangrikheid daarvan om die Woord van God te hoor en te doen. Hy raai gelowiges aan om vinnig te luister, stadig om te praat en stadig om kwaad te word. Hy kontrasteer blote gehoor met aktiewe gehoorsaamheid, en vergelyk diegene wat hoor maar nie doen nie met iemand wat in 'n spieël kyk en hul weerkaatsing vergeet. Hy moedig egte godsdiens aan wat uitgedruk word deur sorg vir die kwesbares (wees en weduwees) en die handhawing van persoonlike reinheid terwyl hy deur die wêreld onbevlek word.

Opsomming en Gevolgtrekking: In Hoofstuk 1 verskaf Jakobus praktiese wysheid om beproewinge te navigeer, wysheid by God te soek, die aard van versoeking te verstaan en outentieke geloof uit te leef deur gehoorsame optrede. Hy beklemtoon die transformerende krag van beproewings en die belangrikheid van standvastigheid, wysheid en aktiewe gehoorsaamheid in die Christelike lewe. Jakobus berei die toneel vir verdere besprekings oor geloof, werke en die praktiese implikasies van die uitleef van 'n mens se geloof in gemeenskap en samelewing.

Hoofstuk 1 Gebed

Hemelse Vader,

Ons kom voor U met oop en nederige harte, soek U wysheid en genade in beproewings en versoekings. Soos Jakobus ons geleer het, herinner u Woord ons daaraan om dit alles vreugde te ag wanneer ons verskillende beproewings in die gesig staar, met die wete dat ons geloof daardeur getoets en versterk word . Here, help ons om hierdie perspektief te omhels, met die begrip dat U ons in beproewings verfyn, ons vorm na die beeld van U Seun, Jesus Christus.

Skenk ons, o Here, die wysheid om van U te vra wanneer ons begrip kortkom, en glo dat U mildelik aan almal gee sonder verwyt. Versterk ons geloof, Vader, dat ons standvastig en onwrikbaar kan bly, vertrou op U soewereine plan vir ons lewens, selfs te midde van moeilikhede.

Bewaak ons harte, Here, teen die lok van versoeking. Help ons om die bron van versoeking te herken en dit met U Gees se krag te weerstaan. Mag ons gou wees om na U Woord te luister, stadig om haastig te praat, en stadig tot woede, wat U geduld en genade in al ons interaksies weerspieël.

Vader, leer ons om nie net hoorders van U Woord te wees nie, maar ook daders, om U liefde en waarheid te demonstreer in ons optrede teenoor ander. Mag ons lewens gekenmerk word deur opregte sorg vir die kwesbares, weeskinders en weduwees, en deur 'n verbintenis tot persoonlike reinheid, wat onbevlek bly deur die waardes van hierdie wêreld.

Dankie, Here, vir U volmaakte wet van vryheid wat ons lei tot geregtigheid. Versterk ons vasberadenheid om getrou volgens U Woord te lewe, met die wete dat ons daardeur ware vryheid vind en U eer in alles wat ons doen.

In Jesus se Naam bid ons, Amen.

Hoofstuk 1 Vrae

Wat is die primêre rede waarom Jakobus sê gelowiges moet dit alles as vreugde beskou wanneer hulle verskeie beproewings in die gesig staar?

Wat is die uiteindelike resultaat daarvan om deursettingsvermoë sy werk te laat voltooi?

Wat moet 'n gelowige doen as hulle wysheid kortkom?

Hoe moet 'n gelowige vir wysheid vra?

Wat gebeur met 'n persoon wat twyfel wanneer hulle vir wysheid vra?

Hoe word 'n persoon beskryf wat twyfel?

Hoe moet gelowiges van nederige omstandighede hulle situasie beskou?

Hoe moet die rykes hulle situasie beskou?

Watter analogie gebruik Jakobus om die tydelike aard van rykdom te beskryf?

Wat word belowe aan diegene wat onder beproewing volhard?

Wat moet niemand sê wanneer hulle in die versoeking kom nie?

Hoe vind versoeking plaas, volgens Jakobus?

Wat is die voortgang van sonde wat in Jakobus 1:15 beskryf word?

Waaroor moet gelowiges nie mislei word nie?

Hoe het God gekies om vir ons geboorte te gee?

Hoe moet gelowiges reageer op die aanhoor van die Woord van God?

Waarom moet gelowiges ontslae raak van alle morele vuilheid en boosheid?

Wat sê Jakobus oor bloot luister na die Woord?

Hoe beskryf Jakobus iemand wat na die Woord luister, maar nie doen wat dit sê nie?

Wat word belowe aan diegene wat aandagtig kyk na die volmaakte wet wat vryheid gee en daarin voortgaan?

Jakobus Hoofstuk 2:1-26

Die sonde van partydigheid

Die Jakobusbrief trek 'n betekenisvolle parallel tussen Jesus se leerstellings in die Bergpredikasie en die Vlakteprediking en Jakobus se praktiese kommentaar vir die kerk. Hierdie parallel is in onderwerp en strukturele elemente, en bied 'n ryk tapisserie van toepassings vir die alledaagse lewe.

Matteus 7 en Jakobus 2 deel treffende ooreenkomste. Byvoorbeeld, Matteus 7:1-27 beklemtoon die verbod teen oordeel, geïllustreer deur waarskuwings teen skynheilige oordeel en die belangrikheid daarvan om 'n mens se foute te verwyder voordat jy ander met hulle s'n help. Net so spreek Jakobus 2:1-26 die kwessie van oordeelkundige begunstiging binne die kerk aan, en moedig gelowiges aan om nie partydigheid op grond van sosiale status te toon nie.

Beide gedeeltes beklemtoon ook die belangrikheid daarvan om ander te behandel soos jy behandel wil word, ingekapsuleer in Matteus 7:12 en weerklink in Jakobus 2:8-11, waar Jakobus die wet opsom as om ander lief te hê soos jouself.

Hoofstuk 2 van Jakobus fokus veral op die skadelike beoefening van partydigheid en die weerspreking daarvan met opregte geloof. Deur begunstiging te toon, versuim Christene om konsekwente liefde vir alle mense te toon, 'n tema wat Jakobus dwarsdeur sy brief konfronteer. Net soos hy teenstrydighede in die kyk van proewe (Hoofstuk 1) en beheer van spraak (Hoofstuk 3) aanspreek, beklemtoon James die teenstrydigheid om ongelyke behandeling aan ander te toon in Hoofstuk 2.

Konsekwentheid, beklemtoon Jakobus, is van kardinale belang nie net in teologiese begrip nie, maar ook in praktiese Christelike lewe. Net soos in kook, waar presisie 'n suksesvolle gereg verseker, weerspieël konsekwente liefde en behandeling van ander in die Christelike lewe die egtheid van 'n mens se geloof en nakoming van God se opdragte.

Jakobus se kritiek op skynheilige godsdienstigheid in Jakobus 1:26-27 dien as 'n katalisator om 'n deurdringende kwessie onder Christen-Jode van sy tyd aan te spreek . Dit bly vandag relevant: inkonsekwente liefde vir ander, blyk uit hoe individue op grond van hul sosiale status behandel word. Hierdie fundamentele teenstrydigheid het James aangespoor om Hoofstuk 2 te skryf, en sy gehoor aangespoor om hierdie morele mislukking te konfronteer en na geestelike volwassenheid te vorder.

Die verband tussen James se veroordeling van sosiale diskriminasie in Hoofstuk 2 en sy vroeëre leringe in Hoofstuk 1 is duidelik. Om die rykes te bevoordeel terwyl hulle apatie of minagting teenoor die armes toon, word deur Jakobus as twee kante van dieselfde moreel bankrot muntstuk beskou. Hierdie gedrag weerspreek direk die standaarde van ware godsdiens wat in Jakobus 1:27 uiteengesit word en die opdrag om jou naaste lief te hê soos jouself in Jakobus 2:8.

Die gelowige, dring Jakobus daarop aan, moet universele hoflikheid, deernis en konsekwentheid in hul interaksies met ander toon. Dit behels dat almal met billikheid, liefde en getrouheid behandel word—noodsaaklike deugde wat opregte geloof en gehoorsaamheid aan God se opdragte weerspieël.

Jakobus se doel in Hoofstuk 2 is om Christene uit te daag om hul inkonsekwente behandeling van ander te konfronteer en reg te stel, om sodoende te vorder na 'n dieper geestelike volwassenheid wat gewortel is in outentieke liefde en regverdige lewe.

2:1 My broeders, toon geen partydigheid as julle glo in onse Here Jesus Christus, die Here van die heerlikheid nie.

Jakobus spreek die kwessie van persoonlike begunstiging direk en onomwonde in sy brief aan. Hy beklemtoon dat om partydigheid te toon, veral gebaseer op aardse onderskeidings soos sosiale status, die aanbidding van "ons glorieryke Here Jesus Christus" weerspreek (Matteus 22:16; Handelinge 10:34). In die teenwoordigheid van Christus vervaag alle aardse onderskeidings (Hebreërs 1:2-3), wat die teenstrydigheid van Christene wat begunstiging beoefen, beklemtoon.

James se gebruik van die term "glorielik" om sy lesers as "my broers en susters" aan te spreek, is betekenisvol. Dit beklemtoon sy oproep aan hulle om broederlike goedhartigheid te beliggaam wat strook met die karakter van hulle glorieryke Here Jesus Christus. Die verwysing na "heerlik" is waarskynlik gebaseer op die Joodse konsep van die Shekinah, die goddelike teenwoordigheid van God onder Sy volk, wat die ware heerlikheid simboliseer wat Christelike gedrag moet lei.

Vir Jakobus behoort opregte geloof in Christus enige bewondering vir die oppervlakkige heerlikheid van sosiale status uit te skakel. Hy onderskei "partydigheid" of "begunstiging" (Grieks: prosopolepsia) van egte geregtigheid, wat mense respekteer op grond van hul intrinsieke waarde eerder as eksterne omstandighede. Hierdie konsep word weerspieël in Romeine 2:11, Efesiërs 6:9, Kolossense 3:25 en Handelinge 10:34, wat die Christelike oproep tot onpartydigheid en regverdigheid in alle handelinge beklemtoon.

Jakobus daag gelowiges uit om die aanloklikheid van sosiale status te verwerp en eerder Christus-agtige liefde te demonstreer wat aardse onderskeidings te bowe gaan, wat die ware heerlikheid van hulle Here Jesus Christus weerspieël.

Gunsteling (partydigheid) toon 'n onregverdige voorkeur vir een persoon of groep bo 'n ander, dikwels tot laasgenoemde se nadeel. Dit kan gewortel wees in verskeie faktore soos persoonlike voorkeur, verhoudings of onregverdige kriteria.

Vooroordeel is die vorming van 'n oordeel of mening oor iemand of iets sonder voldoende kennis, dikwels gebaseer op stereotipes of vooropgestelde idees eerder as feitelike bewyse. Dit kan lei tot onregverdige behandeling of vyandigheid teenoor individue of groepe wat as anders beskou word.

Vooroordeel is 'n neiging of neiging tot of teen iets, iemand of 'n groep, dikwels op 'n manier wat as onregverdig of onregverdig beskou word. Vooroordeel kan besluite, optrede of oordele beïnvloed, wat individue se behandeling beïnvloed op grond van persoonlike voorkeure of vooroordele.

Voorliefde dui op 'n voorkeur of voorkeur vir iets, wat 'n geneigdheid tot 'n bepaalde keuse of groep voorstel. Dit impliseer 'n positiewe vooroordeel of neiging teenoor sekere individue of dinge, dikwels sonder negatiewe konnotasies wat verband hou met vooroordeel of onregverdige behandeling.

Elkeen van hierdie terme hou implikasies in vir hoe individue met ander omgaan en besluite neem, wat die belangrikheid van regverdigheid, begrip en empatie in persoonlike en sosiale kontekste beklemtoon.

2:2 Want as daar 'n man inkom wat 'n goue ring en fyn klere dra in jou vergadering, en daar kom ook 'n arm man in met verslonsde klere, 2:3 en as jy ag gee op die een wat die mooi klere dra en sê: Jy sit hier op 'n goeie plek," terwyl jy vir die arme man sê: "Jy staan daar," of, "Sit by my voete,"

In Jakobus 2:2-3 is die scenario wat beskryf word, deur sommige kommentators as "die geval van die bysiende boeier" gedoop. Of James 'n hipotetiese situasie voorgehou het of 'n werklike voorval vertel het, word steeds onder geleerdes gedebatteer. Die aktualiteit daarvan hou egter min betekenis in vir die gedeelte se boodskap.

James illustreer 'n toneel waar individue 'n byeenkoms bywoon, moontlik 'n erediens of 'n gemeentelike vergadering, waar partydigheid duidelik is. Die term "samekoms" hier, vertaal uit die Griekse "sinagoge", verwys waarskynlik na vroeë Christelike byeenkomste in Joodse sinagoges voordat gelowiges deur hul ongelowige Joodse eweknieë verdryf is. Hierdie konteks dui daarop dat Jakobus hierdie brief tydens die vroeë stadiums van die kerk se geskiedenis geskryf het.

Sommige kommentators debatteer of hierdie gedeelte betrekking het op 'n openbare erediens of 'n gemeentelike vergadering wat op 'n geregtelike aangeleentheid gefokus is. Die term "sinagoge" het aanvanklik 'n plek van openbare aanbidding in die vroeë Christelike literatuur aangedui. Tog dui daaropvolgende verse op 'n geregtelike opset. Hierdie wetenskaplike debat verander egter nie die betekenis van die gedeelte noemenswaardig nie.

Vroeë Christelike gemeenskappe het dikwels oorwegend nederige en arm lede bestaan. Gevolglik was die bekering van 'n ryk individu 'n versoeking om hulle as 'n gesogte bekeerling te verhef, wat hulle moontlik onbehoorlike guns gegee het. James waarsku teen sulke begunstiging en waarsku daarteen om rykes anders te behandel weens hul sosio-ekonomiese status.

In Jakobus se tyd het 'n "goue ring" lidmaatskap van die boonste dele van die Romeinse samelewing gesimboliseer. James se gebruik is egter dalk nie so spesifiek nie. Die amptenaar in beheer van sitplekreëlings in die sinagoge, bekend as die chazzan, het die deelnemers na hul sitplekke gelei. Intussen het kleredrag 'n deurslaggewende rol gespeel in die onderskeid van sosiale status, met "helder klere" wat rykdom en aansien aandui, in kontras met "vuil klere" wat armoede aandui.

Hierdie besonderhede verryk ons begrip van James se kritiek op begunstiging binne die vroeë Christelike gemeenskap, en beklemtoon die belangrikheid van onpartydigheid en opregte sorg vir alle gelowiges, ongeag hul sosiale of ekonomiese aansien.

2:4 Het julle dan nie onderlinge onderskeid gemaak en regters geword met bose gedagtes nie?

James se retoriese vraag, "Het jy nie ...?" in die oorspronklike Griekse teks verwag 'n positiewe reaksie, wat die verwagting van regverdige behandeling en onpartydigheid beklemtoon. In die scenario wat beskryf word, illustreer die ower se optrede twee beduidende foute. Eerstens, deur begunstiging te toon of onderskeid te tref gebaseer op die potensiële voordele wat die ryk man vir die kerk kan inhou, het die bode nie daarin geslaag om dieselfde genade aan almal uit te reik nie, in stryd met God se onpartydige natuur. Hierdie tweeledige benadering weerspieël skynheiligheid, waar wêreldse denke besluite beïnvloed wat met God se beginsels moet ooreenstem (Jakobus 1:8).

Tweedens, die bode se oordeel in die sitplek van die besoekers openbaar onderliggende "bose motiewe." In plaas daarvan om gasvryheid en opregte sorg te prioritiseer, het die boetie hulle geëvalueer op grond van wat die kerk daaruit kon baat. Hierdie perspektief staan skerp in kontras met die Bybelse mandaat vir Christene en kerke om ander onselfsugtig te dien eerder as om persoonlike of institusionele gewin te soek (Mark 10:45).

Die verklaring word afgesluit met 'n kragtige besinning oor vooroordeel, en let daarop dat dit nie net diegene wat daaraan onderwerp word, benadeel nie, maar ook swak reflekteer oor die karakter van die een wat dit beoefen. Dit strook met Bybelse leringe wat klem lê op die behandeling van ander met liefde en respek, ongeag sosiale status of potensiële voordele wat dit mag inhou (Jakobus 2:1-9).

2:5 Luister, my geliefde broeders, het God nie die armes in die wêreld uitverkies om ryk te wees in die geloof en erfgename van die koninkryk wat Hy beloof het aan die wat Hom liefhet nie?

Jakobus stel drie retoriese vrae in hierdie verse, elk ontwerp om 'n positiewe bevestiging te ontlok, wat die struktuur van die Griekse teks weerspieël. In Jakobus 2:5 beklemtoon hy God se doelbewuste keuse van "die armes van hierdie wêreld om ryk te wees in geloof" en om Sy koninkryk te beërwe. Hierdie keuse daag Christene uit om hulle optrede in lyn te bring met God se waardes, veral oor hoe hulle die ekonomies benadeeldes behandel (Matteus 5:3; Lukas 6:20).

Die Bybelse narratief beklemtoon deurgaans God se voorkeur vir die armes en nederiges bo die rykes en magtiges (Luk. 1:52; 1 Korintiërs 1:26). Hierdie voorkeur is gewortel in die waarneming dat die armes dikwels op God vertrou en Hom dieper vertrou om in hul behoeftes te voorsien. Die "koninkryk" waarna hier verwys word, dui waarskynlik op die messiaanse heerskappy van Christus, wat tans in die hemel gevestig is, waar gelowiges deelneem aan Sy heerskappy (Jakobus 1:12; Matteus 5:3, 5; Markus 10:17-22; 1 Korintiërs 6:9). -10; Galasiërs 5:21; Efesiërs 5:5).

Daar is verskillende interpretasies oor wie presies die "erfgename van die koninkryk" uitmaak. Terwyl sommige dit breedweg verstaan as alle gelowiges wat by Christus aansluit, stel ander voor dat dit spesifiek verwys na getroue dissipels wat aktief hul geloof uitleef. Hoe dit ook al sy, Jakobus beklemtoon dat God se keuse van die armes en hul ryk geloof die koninkryk se waardes beklemtoon, wat Christene aanmoedig om hierdie perspektief na te volg in hul houdings en optrede teenoor ander.

2:6 Maar jy het die arm man oneer aangedoen. Is dit nie die rykes wat jou onderdruk en die wat jou in die hof sleep nie?

Wanneer 'n Christen die armes oneer aandoen, weerspreek hulle direk God se behandeling van hulle, soos uitgelig in gedeeltes soos 1 Korintiërs 11:22 en 1 Petrus 2:17. In plaas daarvan om begunstiging teenoor medegelowiges te toon, herinner Jakobus sy lesers dat die rykes hulle histories dikwels onderdruk het. Hierdie onderdrukking kan in verskeie vorme manifesteer, insluitend fisiese mishandeling of wettige vervolging, soos blyk uit gedeeltes soos Markus 13:9, Handelinge 4:1-3, Handelinge 13:50, Handelinge 16:19 en Handelinge 19:23-41 .

Jakobus beklemtoon die inkonsekwentheid om 'n mens se vyande te ag terwyl hy diegene in dieselfde Christelike gemeenskap verag. Die term "onderdruk" impliseer 'n ernstige mishandeling wat selfs daartoe kan lei dat iemand onregverdig in die hof gesleep word, hetsy deur fisiese geweld of wettige maneuvers.

Hierdie perspektief daag Christene uit om God se onpartydige en deernisvolle aard in hul interaksies te weerspieël, veral teenoor diegene wat ekonomies of sosiaal benadeel is. Dit beklemtoon die belangrikheid daarvan om 'n mens se optrede in lyn te bring met God se waardes van geregtigheid, barmhartigheid en liefde eerder as om wêreldse vooroordele en ongeregtighede voort te sit.

2:7 Is dit nie hulle wat die eerbare naam wat U genoem is, laster nie?

Die rykes is nie net geneig om Christene teë te staan nie, maar ook dikwels laster of praat minagting van Christus self, soos in Jakobus se tyd waar was en vandag nog 'n werklikheid is. Jakobus wys op die teenstrydigheid om spesiale eer te gee aan diegene wat minagting toon vir die Here, wat gelowiges innig liefhet en dien. Om te laster, volgens die Griekse term " blasphemeo ," behels die bespotting of om oneerbiedig oor God te praat. Dit was dalk veral algemeen onder ongelowige Jode tydens Jakobus se era (vgl. Handelinge 13:45).

Wanneer Jakobus na "die goeie naam waarmee jy genoem is" verwys, bedoel hy waarskynlik die naam waaronder gelowiges hul identiteit en beskerming vind eerder as bloot hul persoonlike name. Dit beklemtoon die geestelike betekenis van belyning met Christus se waardes eerder as wêreldse standaarde.

Met betrekking tot James se oënskynlike kritiek op die rykes in verse 6 en 7, is dit belangrik om daarop te let dat hy nie bevooroordeeld is teen die rykes as individue nie, maar die gedrag van sommige ryk individue uitlig om die dwaasheid uit te lig om aan hulle voorkeurbehandeling te gee. Dit strook met Jesus se leringe om selfs ons vyande lief te hê (Matteus 5:44; Lukas 6:27, 35), wat beklemtoon dat onpartydigheid en liefde moet lei hoe Christene met ander omgaan, ongeag hul sosiale of ekonomiese status.

2:8 As jy die koninklike wet vervul volgens die Skrif: Jy moet jou naaste liefhê soos jouself, gaan dit goed met jou.

Jakobus se bedoeling is nie om eer teenoor die rykes te ontmoedig nie, maar om 'n universele liefde en respek teenoor alle individue te bepleit, in ooreenstemming met die beginsel om ander te behandel soos ons self behandel wil word (Matteus 7:12; Levitikus 19:18)). Die term "koninklike wet," van die Griekse " basilikos ," dui op 'n wet wat verband hou met koninklikes of koningskap. In hierdie konteks verwys dit na die wet van die Koning wat heers oor die koninkryk wat gelowiges beërf (Jakobus 2:5). Hierdie wet beheer alle menslike verhoudings en oortref ander wette rakende interpersoonlike gedrag (Matteus 22:39; Levitikus 19:18).

Die bynaam "koninklik" dui ook op die voortreflikheid en edelheid van hierdie wet, wat aandui dat dit gedrag van die hoogste morele orde weerspieël, gepas vir die onderdane van 'n koning. Hierdie konsep resoneer met die Romeinse Ryk se begrip van "lex regia", bekend vir sy gesag en universaliteit regdeur die ryk.

Jakobus beklemtoon dat Christus se "koninklike wet" aardse wette of standaarde vervang, insluitend dié wat deur heersers soos Caesar opdrag gegee word. Daarom word Christene geroep om hierdie wet van liefde en gelykheid te handhaaf en almal met waardigheid en respek te behandel, ongeag sosiale status of wêreldse onderskeidings.

2:9 Maar as julle partydig is, doen julle sonde en word julle wetlik as oortreders skuldig bevind.

In hierdie vers gebruik Jakobus die werkwoordvorm van die Griekse woord " prosopolepteo ," wat hy ook in vers 1 van hierdie gedeelte gebruik het (2:1-13). Die kwessie wat James hier aanspreek, is die praktyk om partydigheid te toon, wat direk in stryd is met die "koninklike wet" wat hy vroeër bespreek het. Hierdie koninklike wet vereis om alle individue met gelyke respek en waardigheid te behandel, sonder om sommige bo ander te bevoordeel (Hand 10:34). Sulke voorkeurbehandeling skend nie net die beginsels van gelykheid en geregtigheid inherent aan God se Woord nie, maar verontagsaam ook spesifieke opdragte wat God se wil vir regverdige en regverdige interpersoonlike verhoudings uiteensit (Matteus 7:12; Levitikus 19:15).

Die gedeelte beklemtoon die oproep om konsekwente liefde te demonstreer eerder as bloot beleefde gebare van insluiting. Dit beklemtoon dat individue met 'n lae inkomste ten volle binne die kerkgemeenskap omhels moet word. Ekonomiese verskille behoort nie te beïnvloed hoe bedieninge aangebied word nie; eerder almal, ongeag finansiële status, verdien gelyke dissipelskap, pastorale sorg en liefde. Hierdie perspektief daag die kerk uit om geestelike en relasionele sorg bo materiële oorwegings te prioritiseer, wat die waardigheid van elke persoon in die oë van God bevestig.

Uiteindelik ondermyn enige daad van begunstiging die hoogste wet van die liefde van 'n mens se naaste soos jouself, wat alle beginsels wat menslike verhoudings beheer, insluit. Hierdie omvattende wet vereis dat Christene geregtigheid, billikheid en onvoorwaardelike liefde in hul interaksies met ander handhaaf, wat die karakter van God en Sy koninkrykwaardes in hul daaglikse lewens weerspieël.

2:10 **Want elkeen wat die hele wet onderhou, maar in een punt faal, het aan dit alles skuldig geword.**

James verwag dat sommige van sy lesers die belangrikheid van voorkeurbehandeling kan verminder. Daarom wys hy nadruklik daarop dat sulke gebruike God se wet oortree. 'n Mens word skuldig onder God se wet deur sekere individue bo ander te bevoordeel. Jakobus se stelling dat "elkeen wat die hele wet onderhou, maar in een punt faal, aan dit alles skuldig geword het" (Jakobus 2:10) maak duidelik dat die verbreking van enige deel van God se wet 'n skending van Sy hele morele standaard is eerder as net die spesifieke opdrag. oortree.

Histories het Joodse denke die wet dikwels in geïsoleerde gebooie opgedeel, waar gehoorsaamheid verdienste kon verdien en ongehoorsaamheid aan skuld opdoen, soortgelyk aan 'n finansiële grootboek. Hierdie ingesteldheid bestaan vandag onder beide Jode en heidene.

Jakobus weerspreek hierdie perspektief deur te beweer dat gehoorsaamheid aan God se wil nie selektief of gedeeltelik kan wees nie. God se wet vorm 'n verenigde geheel, wat Sy volledige wil vir Sy volk uitdruk. Net soos die breek van 'n enkele ruit van 'n venster sy integriteit verbreek, ontwrig die oortreding van enige deel van God se wet Sy morele raamwerk. Om enige verbode grens oor te steek is 'n oortreding teen die wet, nie bloot 'n spesifieke gebod nie.

Daarom beklemtoon Jakobus die holistiese aard van God se wet en beklemtoon die noodsaaklikheid van konsekwente gehoorsaamheid oor alle aspekte van die lewe. Hierdie perspektief daag gelowiges uit om God se wil te omhels, met die erkenning dat ware geregtigheid spruit uit heelhartige toewyding aan Sy gebooie eerder as selektiewe nakoming gebaseer op persoonlike voorkeur of gerief.

2:11 **Want Hy wat gesê het: Moenie egbreuk pleeg nie, het ook gesê: Moenie moord pleeg nie. As jy nie egbreuk pleeg nie maar moord, het jy 'n oortreder van die wet geword.**

Jakobus illustreer sy punt oor die erns van die oortreding van God se wet met 'n hipotetiese scenario wat twee uiterste oortredings behels: "owerspel" en "moord". Alhoewel dit waar is dat nie alle sondes dieselfde vlak van gevolge het nie - sommige sondes kan erger uitkomste tot gevolg hê as ander - verteenwoordig elke sonde, ongeag die aard of gevolge daarvan, 'n fundamentele skending van God se wil.

In hierdie konteks beklemtoon Jakobus die gelykheid van alle sondes in hul aard as ongehoorsaamheid aan God se morele standaarde. Owerspel en moord word as voorbeelde gebruik om die erns van die oortreding van enige deel van God se wet te beklemtoon. Beide dade word in die Skrif veroordeel, wat die ernstige gevolge van morele mislukking en verontagsaming van God se opdragte beklemtoon.

Jakobus se punt is van kardinale belang om gelowiges te herinner dat geen sonde ligtelik opgeneem moet word nie, ongeag hoe dit oënskynlik gering of groot is. Elke sonde ontwrig die verhouding tussen die mensdom en God, wat bekering en vergifnis noodsaak. Hierdie begrip moedig 'n holistiese benadering tot gehoorsaamheid aan, waar gelowiges daarna streef om God se wil in alle aspekte van die lewe te eerbiedig, deur die erns van elke morele mislukking te erken en herstel te soek deur Christus se soenoffer.

2:12 Spreek dus en tree op soos die wat volgens die wet van vryheid geoordeel moet word.

"Die wet van vryheid", soos Jakobus daarna verwys (vgl. Jakobus 1:25), omvat God se wet wat bevryding vir gelowiges bring. Hierdie konsep strook met die apostel Paulus se leringe dat "dit was vir vryheid dat Christus ons vrygemaak het" (Galasiërs 5:1). Hierdie vryheid onder die wet van Christus (1 Korintiërs 9:21; Galasiërs 6:2) staan in kontras met die wettiese voorskrifte van die Mosaïese wet. Terwyl gelowiges hierdie vryheid geniet, moet hulle ook erken dat hulle aanspreeklik bly voor God se oordeel (Romeine 14:10-13; 1 Korintiërs 3:12-15; 2 Korintiërs 5:10).

Jakobus beklemtoon dat hierdie oordeel hoofsaaklik op gelowiges betrekking het en by die regterstoel van Christus sal plaasvind (2 Korintiërs 5:10). Daarom word gelowiges aangemoedig om volgens hierdie naderende oordeel te leef en op te tree, spesifiek deur vooroordeel of begunstiging teenoor ander te vermy. Hierdie vermaning beklemtoon die belangrikheid daarvan om onpartydigheid te beoefen en ander met dieselfde genade en respek te behandel as wat God aan hulle bewys het.

Terwyl Christene bevryding ervaar van die beperkings van wettiese nakoming deur Christus, word hulle steeds geroep om in ooreenstemming met God se morele beginsels te leef en voor te berei vir die toekomstige oordeel waar hulle optrede en houdings geëvalueer sal word. Hierdie perspektief moedig gelowiges aan om verantwoordelik te lewe, gelei deur liefde, geregtigheid en 'n pligsgetroue bewustheid van hul aanspreeklikheid voor God.

2:13 Want die oordeel is sonder barmhartigheid oor hom wat geen barmhartigheid bewys het nie. Genade seëvier oor oordeel.

God se oordeel is onpartydig en regverdig. Hy toon nie bevoordeling nie, maar evalueer elke persoon se optrede regverdig. Terwyl gelowiges veilig is in hul verlossing en beskerm is van God se toorn deur Christus (Romeine 8:1), sal hulle steeds gevolge ondervind vir hul dade, veral met betrekking tot hoe hulle ander behandel. Dit sluit in om 'n verlies aan beloning te ly as hulle betrokke raak by onbarmhartige begunstiging (2 Korintiërs 5:10; Matteus 5:7; 6:15; 7:1; 18:23-25).

Omgekeerd, om barmhartigheid en onpartydigheid teenoor ander te betoon, weerspieël Christus se liefde en strook met Sy leringe (Matteus 25:34-40). "Genade triomfeer oor oordeel," soos James beweer, en beklemtoon dat liefde bo partydigheid in ons interaksies moet seëvier. Christene word geroep om mekaar met hoflikheid, deernis en konsekwentheid te aanvaar en te behandel, wat Christus se inklusiewe liefde en aanvaarding weerspieël.

In die hedendaagse samelewing kan partydigheid ontstaan as gevolg van verskeie faktore soos ekonomiese ongelykhede, ras, godsdienstige oortuigings, politieke affiliasies, opvoedkundige agtergronde en persoonlike opinies. Ten spyte van hierdie uitdagings word Christene aangemoedig om vooroordele te oorkom en Christus-agtige deernis na almal uit te wys, ongeag hul omstandighede of sondes. Hierdie benadering demonstreer die transformerende krag van Christus se liefde in hulle lewens. Dit is 'n bewys van Sy genade en vergifnis wat aan die ganse mensdom uitgebrei is.

Daarom word Christene aangemoedig om Christus se voorbeeld na te volg deur met liefde en deernis uit te reik na individue wat as uitgeworpenes beskou kan word of diegene wie se lewenstyl of keuses verskil. Dit weerspieël 'n opregte verbintenis om die beginsels van Christelike geloof uit te leef en toe te laat dat Christus se liefde hulle interaksies en verhoudings met ander lei.

Jakobus se perspektief op die Mosaïese Wet, soos gesien in hierdie gedeelte van verse, kan lei tot vrae oor hoe hy die verhouding tussen Christene en die Wet beskou het. Dit is belangrik om daarop te let dat Jakobus nie gepleit het dat Christene die hele Mosaïese Kode moet nakom nie, soos blyk uit sy woorde by die Jerusalem Raad (Handelinge 15:13-21). By daardie raad is dit duidelik gemaak dat nie-Joodse gelowiges nie verplig was om die Mosaïese Wet in sy geheel te onderhou vir hulle redding nie.

Die Mosaïese Wet het dubbele doelwitte gedien: om die Israeliete se lewens te reguleer en God se karakter en voornemens aan hulle en aan alle ander volke te openbaar. Die regulerende funksie daarvan het opgehou met die dood van Jesus aan die kruis (Romeine 10:4; Hebreërs 7:12), aangesien dit vervul en vervang is deur die nuwe verbond in Christus. Die openbaringswaarde daarvan bly egter ewig, aangesien dit deel is van "die hele Skrif", wat steeds voordelig is vir onderrig en leiding (2 Timoteus 3:16).

Jakobus beklemtoon dat terwyl die Mosaïese Wet as 'n gekodifiseerde liggaam van regulasies nie meer Christene bind nie, sy morele beginsels en opdragte wat in lyn is met God se ewige karakter steeds van toepassing is. Hierdie blywende morele waarhede word nou ingesluit in die "wet van vryheid" of "wet van Christus", wat gelowiges lei om God se wil uit te leef onder die nuwe verbond. Hierdie nuwe wet beklemtoon beginsels van liefde, geregtigheid, barmhartigheid en getrouheid wat kulturele en wettiese grense oorskry, wat universeel op alle gelowiges van toepassing is.

Daarom, terwyl spesifieke opdragte uit die Mosaïese Wet kan voortgaan om Christelike gedrag onder die beginsels van die nuwe verbond in te lig, is Christene nie onder die Mosaïese Wet self nie. In plaas daarvan word hulle geroep om onder die bevrydende beginsels van die evangelie te lewe, gelei deur die leringe van Jesus en die apostels, wat die tydlose morele waarhede wat deur die hele Skrif geopenbaar word, handhaaf.

Geloof sonder werke is dood

Sommige interpretasies beskou hierdie gedeelte van Jakobus as 'n verskuiwing van fokus van die kwessie van partydigheid wat vroeër bespreek is (v.1-13) na 'n nuwe onderwerp: die verhouding tussen geloof en werke. Ander, insluitend ekself, sien egter 'n dieper verband tussen hierdie gedeeltes, soortgelyk aan die verhouding tussen Jakobus 1:19-27 en 1:2-18. Net soos die vroeëre gedeelte gehandel het oor 'n fundamentele kwessie onderliggend aan praktiese probleme, brei hierdie afdeling uit op die implikasies van opregte geloof in Christus, wat Jakobus in vers 1 ingevoer het as onversoenbaar met partydigheid (prosopolempsia).

Hier delf Jakobus in die aard en betekenis van geloof in Jesus Christus, wat volgens hom onversoenbaar is met die toon van bevoordeling (Jakobus 2:1). Sy argument sentreer op egtheid en waarsku teen oppervlakkige selfbedrog. Die breër tema gaan dus oor die lewenskragtigheid en egtheid van 'n mens se geloof in God. James gebruik die kwessie van bevoordeling om introspeksie onder sy lesers uit te lok: Leef hulle werklik hul geloof uit en pas hulle hul oortuigings in hul gedrag toe? Hulle gedeeltelike behandeling van ander dien as 'n lakmoestoets vir die opregtheid en diepte van hulle geloof.

Jakobus kontrasteer die blote verbale geloofsbelydenis met die aktiewe demonstrasie van daardie geloof deur werke. Hy beklemtoon dat ware Christelike volwassenheid behels om geduldig beproewinge te verduur (soos bespreek in Jakobus 1) en die uitleef van die waarheid van God se Woord. Daarom gaan hierdie afdeling se tema oor die belydenis van oortuigings en die aktiewe beoefening en beliggaming van daardie oortuigings in die daaglikse lewe. Om bloot God se Woord te hoor en te bespreek is onvoldoende; ware geloof noodsaak gehoorsame optrede en belyning met God se wil.

Samevattend gebruik Jakobus die kwessie van begunstiging om sy gehoor uit te daag om die egtheid en praktiese implikasies van hul geloof te assesseer. Hierdie afdeling beklemtoon die onlosmaaklike verband tussen opregte geloof in Christus en die uiterlike uitdrukking van daardie geloof deur regverdige optrede en gesindhede.

Die interpretasie van Jakobus 2:14-26 het debat onder teoloë ontketen, hoofsaaklik oor of Jakobus gelowiges of ongelowiges aanspreek in sy bespreking oor geloof en werke. Kom ons ondersoek elk van die drie primêre interpretasies:

Verlies van verlossing (Arminian View) : Sommige interpreteer hierdie verse as 'n beskrywing van 'n gelowige wat hul redding verloor het omdat hulle nie meer werke uitstal wat opregte geloof demonstreer nie. Volgens hierdie siening word egte reddende geloof bewys deur 'n lewe van goeie werke. Diegene wat hierdie siening huldig, glo oor die algemeen dat 'n persoon hul verlossing kan verloor as hulle nie in geloof en gehoorsaamheid aanhou lewe nie.

Intellektuele instemming (ongelowige wat voorgee om 'n gelowige te wees) : 'n Ander interpretasie stel voor dat Jakobus iemand beskryf wat bely dat hy 'n Christen is, maar slegs intellektuele instemming met die evangelie besit sonder opregte reddende geloof. Hierdie persoon se geloof is oppervlakkig en ontbreek die transformerende krag wat lei tot 'n lewe wat gekenmerk word deur goeie werke. Voorstanders van hierdie siening argumenteer dat Jakobus ware, reddende geloof wat werke voortbring, kontrasteer met 'n valse, oppervlakkige geloof wat dit nie doen nie.

Believer Living Inconsistently (Believer Not Living by Faith) : Die derde interpretasie stel voor dat Jakobus opregte gelowiges aanspreek wat, terwyl hulle ware reddende geloof besit, dalk nie konsekwent hul geloof in hul dade uitleef nie. Hierdie siening beklemtoon die behoefte vir gelowiges om hulle gedrag in lyn te bring met hulle oortuigings en om hulle geloof te demonstreer deur gehoorsame optrede en regverdige lewe.

Om die gedeelte noukeurig te ondersoek, is noodsaaklik om te onderskei watter interpretasie die nouste ooreenstem met James se bedoeling. Jakobus argumenteer dat geloof sonder werke dood is (Jakobus 2:17, 26), en beklemtoon dat ware geloof natuurlik lei tot aksies wat God se transformerende werk in die gelowige se lewe weerspieël. Hy gebruik voorbeelde soos Abraham en Ragab om te illustreer hoe opregte geloof in gehoorsaamheid en regverdige dade manifesteer (Jakobus 2:21-25).

Uiteindelik dui Jakobus se konteks en taal daarop dat hy diegene aanspreek wat bely dat hulle geloof het, maar dit nie deur hul optrede demonstreer nie. Hy daag sy lesers uit om die egtheid van hul geloof te evalueer deur te ondersoek of dit vrugte in die vorm van regverdige lewe en goeie werke voortbring.

Terwyl die debat onder geleerdes en teoloë voortduur, help die begrip van Jakobus se primêre bekommernis – opregte geloof wat deur 'n lewe van gehoorsaamheid en werke bewys word – om die interpretasie te verduidelik wat die beste by die teksgedeelte se konteks pas.

2:14 **Wat baat dit, my broeders, as iemand sê dat hy die geloof het, maar hy het nie die werke nie? Kan daardie geloof hom red?**

Jakobus spreek 'n deurslaggewende teologiese vraag in Jakobus 2:14-26 aan rakende die verhouding tussen geloof. Hy werk en verduidelik hoe hulle in die lewe van 'n gelowige manifesteer. Daar is drie primêre interpretasies onder teoloë oor wie Jakobus aanspreek en wat hy beoog om oor te dra:

Arminiaanse interpretasie : Volgens hierdie siening, as 'n persoon beweer dat hy 'n Christen is, maar geen bewys van opregte geloof deur hul lewenstyl toon nie - veral deur goeie werke - mag hulle nooit werklik gered gewees het of hul redding verloor het nie. Hierdie interpretasie weerspieël die oortuiging dat ware reddende geloof bewys word deur 'n getransformeerde lewe wat gekenmerk word deur gehoorsaamheid aan God.

Gereformeerde interpretasie : Die Gereformeerde perspektief, soos genoem, stel voor dat as 'n persoon bely dat hy 'n Christen is, maar geen bewyse van ware geloof in hul optrede toon nie, hulle nooit werklik gered was om mee te begin nie. Hierdie standpunt beklemtoon dat ware geloof noodwendig lei tot 'n lewe wat deur God se genade getransformeer word, wat manifesteer in regverdige dade en gehoorsaamheid.

Gelowige wat inkonsekwent leef : Die derde interpretasie erken dat 'n persoon wat beweer dat hy 'n Christen is, maar nie bewyse van ware geloof in hul lewenstyl het nie, óf nie werklik gered kan word nie óf dalk 'n gelowige wat nie deur hul geloof lewe nie. Hierdie siening maak voorsiening vir die moontlikheid dat opregte gelowiges met inkonsekwentheid kan worstel. Tog beklemtoon dit die belangrikheid daarvan om 'n mens se gedrag in lyn te bring met jou belyde geloof.

In vers 14, "Kan daardie soort geloof hom red?" (WEB), James se ondervraging gebruik 'n Griekse konstruksie wat 'n negatiewe antwoord verwag. Hierdie konstruksie word gevind in Jakobus en 1 Korintiërs 13:4, wat beklemtoon dat geloof sonder gepaardgaande werke onvoldoende is vir redding. Jakobus argumenteer dat ware geloof, bewys deur dade wat met God se wil in lyn is, 'n mens werklik red.

Jakobus se klem op werke as die vrug van opregte geloof eggo Jesus se leringe en ander Nuwe-Testamentiese geskrifte wat die noodsaaklikheid van geloof beklemtoon wat sigbare, tasbare uitkomste in 'n gelowige se lewe voortbring (Matteus 7:16-20; Efesiërs 2:8-10). Werke is nie die middel om verlossing te verdien nie, maar is die natuurlike resultaat en bewys van 'n getransformeerde hart en opregte geloof in Christus.

Terwyl interpretasies kan verskil, beklemtoon Jakobus die onlosmaaklike verband tussen opregte geloof en 'n lewe van gehoorsaamheid en goeie werke. Dit sluit aan by die breër Bybelse leerstellings oor verlossing en die transformerende krag van geloof in Christus.

Die oënskynlike teenstrydigheid tussen Paulus se klem op geloof afgesien van werke tot redding (Efesiërs 2:8-9; Romeine 11:6) en Jakobus se bewering dat geloof sonder werke dood is (Jakobus 2:17), was al eeue lank 'n teologiese besprekingspunt . Om hul onderskeie kontekste en beklemtonings te verstaan, maak egter duidelik dat Paulus en Jakobus komplementêre aspekte van die Christelike geloof aanspreek eerder as opponerende leerstellings.

> **Paulus se beklemtoning** : Paulus beklemtoon dat verlossing uit genade is deur geloof alleen, los van werke (Efesiërs 2:8-9). Hy argumenteer dat niemand verlossing deur hul eie pogings kan verdien nie; dit is 'n gawe van God wat deur geloof ontvang word. Dit beklemtoon die fundamentele waarheid dat redding geïnisieer en verseker word deur God se genade, nie menslike verdienste nie (Romeine 11:6).

> **Jakobus se beklemtoning** : aan die ander kant beklemtoon Jakobus die onlosmaaklike verband tussen egte geloof en 'n getransformeerde lewe gekenmerk deur goeie werke. Hy voer aan dat ware geloof natuurlik vrugte voortbring deur regverdige optrede en gehoorsaamheid aan God se opdragte (Jakobus 2:18, 26). Vir Jakobus is geloof sonder werke dood, wat beteken dat dit nie bewyse van opregte reddende geloof het nie.

Die oënskynlike konflik spruit uit verskillende teologiese klemme en kontekste:

> **Paulus se konteks** : Paulus spreek die aanvanklike daad van verlossing aan – om geregverdig te word voor God deur geloof in Christus alleen, afgesien van werke van die wet (Romeine 3:28; Galasiërs 2:16). Hy beklemtoon dat verlossing 'n gratis geskenk is , nie iets wat deur dade verdien word nie.

> **Jakobus se konteks** : Jakobus spreek die voortdurende demonstrasie en bevestiging van geloof aan deur 'n lewe van gehoorsaamheid en goeie werke. Hy daag gelowiges uit om hul geloof aktief uit te leef, en wys dit is eg en transformerend.

Die aanhaling, "Paulus en Jakobus staan nie van aangesig tot aangesig en veg teen mekaar nie, maar hulle staan rug aan rug en veg teen vyande," illustreer dat Paulus en Jakobus verskillende aspekte van die Christelike lewe aanspreek - aanvanklike verlossing deur genade deur geloof (Paulus) en die voortdurende demonstrasie van geloof deur werke (Jakobus).

Jesus self het die noodsaaklikheid van dissipelskap en gehoorsaamheid beklemtoon as bewys van ware geloof (Matteus 7:21; Johannes 14:15). Hy het sterk taal gebruik om te beklemtoon dat opregte geloof 'n lewe voortbring wat daartoe verbind is om Hom te volg en volgens sy leringe te lewe (Matteus 16:24-26; Lukas 9:23-25).

Terwyl Paulus en Jakobus die onderwerp van geloof en werke vanuit verskillende hoeke benader, is hulle leringe komplementêr eerder as teenstrydig. Paulus beklemtoon dat redding uit genade deur geloof alleen is. Daarteenoor beklemtoon Jakobus dat ware geloof 'n lewe van gehoorsaamheid en goeie werke tot gevolg het. Saam verskaf hulle leringe 'n holistiese siening van die Christelike lewe: gered uit genade deur geloof en verander om in gehoorsaamheid aan God se wil te lewe.

Jakobus se bespreking in vers 14 en volgende oor geloof en werke raak deurslaggewende aspekte van Christelike lewe en begrip van verlossing aan. Hier is 'n uiteensetting van die sleutelpunte en interpretasies:

Geloof en gehoorsaamheid : Jakobus beklemtoon dat opregte geloof in Christus gepaard moet gaan met gehoorsaamheid en goeie werke. Hy gebruik die analogie dat geloof sonder werke soos 'n liggaam sonder gees is—dit is dood en nie in staat om sy beoogde doel te vervul nie (Jakobus 2:26).

Gevolge van geloof sonder werke : Jakobus waarsku dat ortodokse geloof, sonder die ooreenstemmende gehoorsaamheid wat in goeie werke uitgedruk word, 'n Christen nie kan beskerm teen die gevolge van sonde in hierdie lewe nie. Hierdie gevolge kan 'n verlies van gemeenskap met God en, in uiterste gevalle, fisiese dood insluit (Jakobus 5:20; 1 Johannes 5:16). Hy beklemtoon dat geloof alleen nie gelowiges vrystel van God se dissipline of teregwysing nie (Hebreërs 12:6).

Interpretasie van "Redding" : Baie kommentators interpreteer Jakobus se verwysings na verlossing as verwysende hoofsaaklik na bevryding of redding van tydelike gevolge eerder as ewige verdoemenis. Die Griekse woord vir redding, " soteria ," in sy Bybelse gebruik, verwys dikwels na 'n breër konsep van redding, bewaring of heelheid in verskeie kontekste. Slegs 'n klein persentasie van Ou-Testamentiese gebruike van "om te red" of "redding" hou direk verband met ewige verlossing (ongeveer 7,1%).

Kontekstuele Begrip : Om James se gebruik van "redding" te verstaan, vereis kontekstuele sensitiwiteit. Hy spreek die praktiese uitwerking van geloof in die alledaagse lewe aan eerder as die teologiese konsep van regverdiging voor God. Jakobus is besorg oor hoe geloof gedrag verander en die Christelike gemeenskap beïnvloed, en beklemtoon die noodsaaklikheid van werke as bewys van opregte geloof (Jakobus 2:18).

Genade en Werke : Dit is van kardinale belang om Jakobus se klem op werke te versoen met Paulus se lering oor regverdigmaking deur geloof afgesien van werke van die wet (Efesiërs 2:8-9). Paulus beklemtoon dat verlossing uit die ewige verdoemenis 'n gawe van God se genade is wat deur geloof alleen ontvang word. Jakobus vul dit aan deur te beklemtoon dat ware geloof, hoewel dit nie afhanklik is van werke vir aanvanklike regverdiging nie, onvermydelik werke voortbring as die natuurlike vrug daarvan (Jakobus 2:22).

Samevattend beklemtoon Jakobus se bespreking oor geloof en werke die holistiese aard van die Christelike lewe, waar opregte geloof bewys word deur gehoorsame optrede en goeie werke. Terwyl redding van ewige veroordeling uitsluitlik deur God se genade deur geloof is, beklemtoon Jakobus dat 'n geloof wat nie praktiese uitdrukking deur werke ontbreek nie, onvolledig en oneffektief is om God se voornemens vir gelowiges te vervul. Geloof en werke speel dus 'n integrale rol in die Christen se reis van dissipelskap en gehoorsaamheid.

2:15 As 'n broer of suster swak aangetrek is en 'n gebrek aan daaglikse voedsel het, 2:16, en een van julle sê vir hulle: Gaan in vrede, word warm en versadig, sonder om hulle die nodige dinge vir die liggaam te gee, wat help dit?

In verse 15-17 gaan Jakobus voort om sy punt oor geloof en werke met 'n konkrete voorbeeld te illustreer. Hy skets 'n scenario wat waarskynlik by sy gehoor in Jerusalem aanklank gevind het, waar baie gelowiges armoede in die gesig gestaar het (Romeine 15:25-31; 1 Korintiërs 16:3). Alle individue in hierdie illustrasie word as ware Christene geïdentifiseer, wat hul gedeelde geloof beklemtoon.

Die situasie wat Jakobus beskryf, beklemtoon die teenstrydigheid om aanspraak te maak op 'n lewensbelangrike geloof - wat beteken om 'n mens se geloof aktief in die praktyk te bring - terwyl dit versuim om dit deur ooreenstemmende aksies (werke) te demonstreer. Dit strook met die apostel Johannes se leerstelling dat opregte liefde tasbare dade behels, nie net woorde nie (1 Johannes 3:17-18).

James gebruik lewendige beelde om sy punt terug te bring: Stel jou voor iemand wat beweer dat hy geloof het en 'n medegelowige wat in die dringende nood verkeer verbaal seën, deur te sê: "Gaan in vrede, word warm en versadig," maar bied dan geen praktiese hulp soos om te voorsien nie. klere of kos. James bevraagteken retories die doeltreffendheid van blote woorde sonder ooreenstemmende dade. Hy illustreer dat so 'n geloof sonder werke so ondoeltreffend is soos 'n verbale seën om 'n uitgehongerde persoon se lewe te red - net die werklike voorsiening van voedsel kan in die onmiddellike behoefte voorsien.

'n Parafrase deur 'n Griekse geleerde vang Jakobus se bedoeling in hierdie verse vas: As iemand beweer dat hy geloof het, maar nie daarvolgens optree nie, kan daardie geloof hul lewe bewaar? Jakobus beklemtoon dat geloof, wanneer dit nie met dade gepaardgaan nie, in wese dood is, sonder die lewegewende krag wat dit moet manifesteer in die gelowige se optrede teenoor ander in nood.

Jakobus gebruik hierdie voorbeeld om te beklemtoon dat ware geloof natuurlik werke van deernis en gehoorsaamheid aan God se Woord voortbring. In sy onderrig is geloof en werke onafskeidbare aspekte van outentieke Christelike lewe, wat God se liefde en sorg vir ander op praktiese, tasbare maniere weerspieël.

2:17 So is die geloof dus op sigself, as dit geen werke het nie, dood.

Jakobus se lering oor geloof en werke, veral in verse 15-17, maak duidelik dat hy nie suggereer dat 'n gebrek aan werke 'n totale afwesigheid van geloof of 'n verlies van die ewige lewe impliseer nie. In plaas daarvan beklemtoon hy dat geloof sonder ooreenstemmende optrede – wat hy as "werke" noem – in wese onaktief en oneffektief is.

Jakobus illustreer dit met praktiese voorbeelde: as iemand beweer dat hy geloof het, maar nie optree om in die onmiddellike fisiese behoeftes van 'n medegelowige wat behoeftig is, te voorsien nie, bly hul geloof, alhoewel dit bely word, dormant en onproduktief. Hy gebruik die term "dooies" om sulke geloof duidelik te beskryf - nie in die sin van nie-bestaan nie, maar in terme van onaktief, sonder lewenskragtigheid en dus nie in staat om die beoogde doel te vervul nie.

Die analogie van geloof sonder dat werke "dood" is, is betekenisvol. Dit beklemtoon Jakobus se sentrale bekommernis: opregte geloof produseer natuurlik aksies wat in lyn is met God se wil en Sy liefde aan ander demonstreer. Om bloot simpatie of ooreenkoms uit te spreek sonder tasbare dade om daardie oortuigings te ondersteun, skiet tekort aan die aktiewe gehoorsaamheid wat James voorstaan.

Jakobus se keuse van "dooies" resoneer met die breër Bybelse tema van lewe en dood. Hy put uit wysheid uit Spreuke, waar geregtigheid tot lewe lei, maar om kwaad na te jaag, lei tot die dood (Spreuke 11:19). Vir Jakobus gaan die kwessie nie oor redding van die ewige verdoemenis nie, maar oor die lewenskragtigheid van geloof in praktiese Christelike lewe. Kan geloof wat nie werke voortbring iemand red van die gevolge van die nalaat om God se bevele te gehoorsaam en in die behoeftes van ander te voorsien nie? Sy retoriese vraag wys op die vanselfsprekende antwoord: onaktiewe geloof kan nie.

Jakobus se gebruik van "dooies" om geloof sonder werke te beskryf, beklemtoon die dringendheid en praktiese uitvoerbaarheid van Christelike geloof. Dit daag gelowiges uit om verder as blote beroep te gaan en hulle geloof aktief uit te leef deur deernisvolle optrede en gehoorsaamheid aan God se Woord. Hierdie perspektief beklemtoon die dinamiese verhouding tussen geloof en werke in outentieke Christelike dissipelskap.

2:18 Iemand sal sê: Jy het geloof, en Ek het die werke. Wys my jou geloof sonder jou werke, en ek sal jou my geloof wys deur my werke.

In Jakobus 2:18 is die gebruik van 'n diatribe - 'n retoriese middel waar 'n beswaar geopper en beantwoord word - duidelik. Die beswaarmaker stel 'n standpunt wat Jakobus se bewering oor die verhouding tussen geloof en werke uitdaag. Die interpretasie van wie sê wat in hierdie vers kan verskil na gelang van vertaling en leestekens keuses.

Deur aanhalingstekens te gebruik, skryf die NIV slegs die eerste deel van die vers ("Jy het geloof; ek het dade") aan die beswaarmaker toe, wat impliseer dat Jakobus in die laaste deel op hierdie stelling reageer. Aan die ander kant sluit die NASB die hele vers in as die beswaarmaker se stelling, wat 'n voortdurende beswaar voorstel voordat James sy weerlegging aanbied.

Aangesien die oorspronklike Griekse teks nie leestekens ingesluit het nie, berus die bepaling van die presiese verdeling tussen die beswaarmaker se stelling en Jakobus se reaksie op kontekstuele leidrade en logiese vloei. Die beswaarmaker se bedoeling lyk argumenterend eerder as om bloot 'n stelling te maak, wat beïnvloed hoe ons verstaan waar hul beswaar eindig en James se reaksie begin.

In hierdie konteks vind baie geleerdes en kommentators in lyn met die NASB se leestekens sinvol, waar die hele vers aan die beswaarmaker toegeskryf word. Hierdie interpretasie handhaaf 'n samehangende vloei van argument, waar die beswaarmaker James se tesis uitdaag. Jakobus gee dan 'n gedetailleerde antwoord in verse 19-23, wat die verhouding tussen geloof, werke en hul onafskeidbaarheid in outentieke Christelike lewe aanspreek.

Alhoewel daar dus verskillende benaderings tot leestekens en interpretasie van hierdie vers kan wees , help die voorkeur om die beswaarmaker se beswaar in sy geheel te verstaan, soos in die NASB, om duidelikheid en samehang in Jakobus se argument oor die nodige verband tussen geloof en werke in die Christen te handhaaf. lewe.

Die beswaar wat die hipotetiese beswaarmaker in Jakobus 2:18 geopper het, daag die idee uit dat goeie werke die nodige bewys van reddende geloof is. Hierdie standpunt dui daarop dat hoewel goeie werke inderdaad 'n manifestasie van opregte geloof is, dit nie is hoe iemand hul redding bewys nie. Die beswaarmaker se argument impliseer dat 'n mens nie geloof kan demonstreer sonder werke nie. Omgekeerd is werke die sigbare bewys van 'n mens se geloof.

Hierdie perspektief strook met leringe uit sekere evangeliese kringe, waar goeie werke beskou word as noodsaaklike aanduidings van 'n persoon se redding en voortdurende heiligmaking. Volgens hierdie siening, as 'n persoon nie goeie werke openbaar nie, bevraagteken dit die egtheid van hul geloof en dus hul redding. Hierdie posisie poog om die transformerende krag van geloof te beklemtoon in die voortbring van 'n lewe gekenmerk deur geregtigheid en gehoorsaamheid aan God se opdragte.

Die beswaar wat in Jakobus 2:18 geopper word, laat egter ook 'n kritiese vraag ontstaan: as goeie werke wel die nodige bewys van reddende geloof is, waarom het Jesus dan geleer dat sommige wat in Hom is, nie vrugte mag dra nie (Johannes 15:2, 6).)? Hierdie verwysing na Jesus se lering in die Evangelie van Johannes beklemtoon 'n spanning in die interpretasie van die verhouding tussen geloof, werke en versekering van verlossing.

Histories het sommige binne die Gereformeerde tradisie, veral na Johannes Calvyn se tyd, die idee gewild gemaak dat bewyse van heiligmaking teenwoordig moet wees voordat 'n gelowige volle versekering van hul regverdiging kan hê. Hierdie perspektief wyk egter af van Johannes Calvyn se oorspronklike leerstellings oor geloof en sekerheid. Figure soos Theodore Beza in Genève en William Perkins in Engeland het hierdie afwyking van Calvyn se leerstelling aansienlik gevorm.

Ter opsomming, terwyl goeie werke as deurslaggewende manifestasies van ware geloof erken word, word die teologiese implikasies van hul rol in die demonstrasie van verlossing steeds binne verskillende Christelike tradisies gedebatteer. Die beswaar wat in Jakobus 2:18 geopper word, daag oorvereenvoudigde sienings oor geloof en werke uit, wat 'n dieper besinning aanspoor oor hoe hierdie konsepte in wisselwerking is binne die Christelike geloof en praktykraamwerk.

Die versekering van redding vir Christene is fundamenteel gewortel in God se beloftes wat in die Skrif gevind word (Johannes 1:12; 3:16, 36; 5:24; 6:47; 10:27-29; 20:31, ens.). Dit is nie primêr gebaseer op die aanwesigheid of afwesigheid van goeie werke (vrugte) in hul lewens nie. Jesus het geleer dat sommige takke wat aan Hom verbonde is, wat gelowiges verteenwoordig, nie vrugte mag dra nie (Matt. 13:22; Mark. 4:7; Luk. 8:14; Joh. 15:2, 6), maar hulle bly aan Hom verbind en deel in die lewe wat Hy bied.

Elke opregte gelowige ervaar 'n betekenisvolle innerlike transformasie wanneer hulle Jesus Christus as Verlosser vertrou (Gal. 2:20; Rom. 6:13; Ef. 5:8; Kol. 1:13, ens.). Hierdie transformasie waarborg egter nie noodwendig onmiddellike of konsekwente uiterlike veranderinge in gedrag nie. Die Skrif beweer nie dat elke gelowige onvermydelik eksterne tekens van transformasie sal vertoon nie; sulke veranderinge is eerder afhanklik van hul reaksie op God se wil en die werk van die Heilige Gees.

Soos een illustrasie dit stel, demonstreer 'n boom sy lewe deur vrugte te dra, maar dit het gelewe voordat dit enige vrugte of blare geproduseer het. Net so, terwyl werke nodig is om geloof aan ander te demonstreer (Jakobus 2:18), dien dit nie as die basis vir ons geregtelike regverdiging voor God nie (Rom. 8:33), wat uitsluitlik deur Christus verdien word (Jes. 53: 11) en deur die geloof ontvang word (Rom. 5:1).

Die konsep van "vleeslike Christene" (1 Kor. 3:1-4) verwys na gelowiges wat aan hulle vleeslike begeertes toegee in plaas daarvan om aan die Heilige Gees se beheer toe te gee. Terwyl vrugte 'n eksterne aanduiding van innerlike lewe is, kan ware Christene min of geen eksterne bewyse van hul geestelike transformasie dra nie, net soos sommige vrugtebome minimale of geen vrugte dra nie. Die Heilige Gees produseer tipies innerlike en uiterlike transformasie in gelowiges, tensy dit deur die gelowige se weerstand verhinder word (1 Thess. 5:19; Ef. 4:30).

Alhoewel daar van goeie werke verwag word om opregte geloof te vergesel en bewyse is van 'n getransformeerde lewe, is dit nie die basis vir verlossing nie , maar eerder die natuurlike uitvloeisel van 'n lewe wat aan Christus oorgegee is en deur die Heilige Gees bemagtig is. Die versekering van verlossing berus dus veilig op God se beloftes en die transformerende werk van Christus, nie op die wisselende bewyse van werke in 'n gelowige se lewe nie.

2:19 Julle glo dat God een is; jy doen goed. Selfs die demone glo—en sidder!

Jakobus weerspreek die argument wat die beswaarmaker in vers 18 aanbied deur die voorbeeld van demone te gebruik om sy punt te illustreer. Hy beklemtoon dat opregte geloof nie outomaties in goeie werke vertaal word nie. Anders as mense besit demone kennis en geloof in die waarhede oor God – hulle erken dat Hy soewerein is en dat Sy openbarings waar is, soos die verklaring in die Shema, "God is een" (Deut. 6:4). Ten spyte van hierdie korrekte begrip, volhard demone in hul bose optrede en gedrag, met kennis van die gevolge wat op hulle wag. Hulle reaksie op hierdie kennis is vrees en bewing, en verwag die oordeel wat op hulle wag.

Jakobus kies doelbewus demone as 'n voorbeeld, nie omdat hulle tot redding in staat is nie - hulle is onherstelbaar verlore - maar omdat hulle die ontkoppeling tussen korrekte geloof en ongehoorsame gedrag duidelik illustreer. Jakobus spreek egte Christene aan (soos aangedui deur terme soos "broers en susters" in verskeie verse) dwarsdeur sy brief, insluitend diegene wat, soos demone, die waarheid intellektueel kan ken, maar nie daarin slaag om hul optrede met hul oortuigings in lyn te bring nie.

Hierdie analogie dien om Jakobus se argument uit te lig dat geloof, indien opreg, natuurlik ooreenstemmende werke moet voortbring (Jak. 2:18). Hy waarsku dat Christene, soos demone, kan volhard in ongehoorsaamheid ten spyte van hulle kennis van God se wil en die sekerheid van toekomstige oordeel (2 Kor. 5:10). Jakobus moedig dus gelowiges aan om hul geloof nie net in terme van intellektuele geloof te ondersoek nie, maar ook in hoe dit hul optrede en gehoorsaamheid aan God se Woord vorm.

Jakobus gebruik die illustrasie van demone nie om die kwessie van hoe 'n mens wederbaar of gered word aan te spreek nie, maar om 'n ander punt oor die verhouding tussen geloof en gedrag te beklemtoon. Anders as mense, wat deur geloof in Christus wedergebore kan word, dien demone as 'n skerp voorbeeld van wesens wat oor korrekte kennis en oortuiging beskik oor God se waarhede, soos Sy soewereiniteit en eenheid (weerspieël in die Shema). Tog bly hulle gedrag in direkte opposisie met Sy wil. Hierdie ontkoppeling tussen geloof en gedrag is die kern van Jakobus se argument dwarsdeur sy brief.

Jakobus se punt met die gebruik van demone as 'n illustrasie is nie om te argumenteer teen die voldoende intellektuele instemming met die evangelie vir redding nie. In plaas daarvan illustreer hy dat selfs korrekte geloof nie noodwendig in gehoorsame optrede vertaal nie. Hierdie tema strook met ander gedeeltes in Jakobus waar hy kritiek lewer op leë godsdienstige praktyke wat nie ooreenstemmende regverdige gedrag het nie (Jakobus 1:26-27; 4:17).

Jakobus se verwysing na wat demone glo word nie gelykgestel aan die volle evangelieboodskap wat vir redding vereis word nie. In plaas daarvan fokus hy op die morele en etiese implikasies van geloof – spesifiek dat opregte geloof 'n getransformeerde lewe moet uitloop wat God se wil gehoorsaam. Dit strook met sy breër besorgdheid oor die praktiese uitwerking van geloof in die lewens van gelowiges.

Wat die tekspunt in vers 19 betref, stel sommige geleerdes voor dat die beswaarmaker ook voortgaan om in hierdie vers te praat. Dit word ondersteun deur variasies in antieke Griekse manuskripte waar die woord "deur" (ek) in plaas van "sonder" (choris) voorkom. Die meeste geleerdes hou egter vol dat "sonder" (choris) die korrekte lesing is en dat Jakobus self weer in vers 19 praat om op die beswaarmaker se argument te reageer.

Samevattend, Jakobus gebruik die voorbeeld van demone nie om die aard van verlossing te bespreek nie, maar om die deurslaggewende verband tussen opregte geloof en ooreenstemmende regverdige gedrag te beklemtoon. Hy daag gelowiges uit om te verseker dat hul geloof nie bloot intellektuele instemming is nie, maar gedemonstreer word deur gehoorsaamheid en regverdige lewe.

2:20 Wil jy getoon word, o dwase, dat geloof sonder werke nutteloos is?

Jakobus berispe die beswaarmaker se argument ten sterkste as "dwaas", en beklemtoon dat geloof sonder goeie werke nie bloot onaktief of ledig is nie, maar effektief nutteloos is. Die Griekse term wat hy gebruik, " argos ", dra die idee oor om ledig, oneffektief of werkloos te wees, soortgelyk aan die beskrywing van 'n nie-funksionele orgaan in die liggaam (Matteus 20:3, 6).

Om sy punt verder te illustreer, vergelyk Jakobus 'n Christen wat werk kort met iemand met 'n nie-funksionele orgaan. Net soos so 'n orgaan dood is en geen doel in die liggaam dien nie, so is geloof sonder werke ook dood en nutteloos in die lewe van 'n gelowige. Jakobus beklemtoon dat hierdie soort onaktiewe geloof nie net in gebreke bly om sy voorgenome doel te vervul nie, maar ook bydra tot geestelike stagnasie en kan lei tot nadelige gevolge, soortgelyk aan hoe 'n dooie orgaan fisiese gesondheid kan beïnvloed.

In verse 21 tot 23 verduidelik Jakobus duidelik wat hy bedoel met die "nutteloosheid" van geloof sonder werke. Dwarsdeur sy brief beklemtoon hy konsekwent dat hy die ondoeltreffendheid van geloof aanspreek wanneer dit nie met ooreenstemmende handelinge gepaard gaan nie eerder as om die bestaan van geloof self in die afwesigheid van werke te bevraagteken (Jakobus 1:26; 2:14, 16, 20). .

Jakobus fokus daarop om gelowiges uit te daag om hul geloof aktief en prakties uit te leef, en demonstreer die transformerende krag van ware geloof deur regverdige dade en gehoorsaamheid aan God se Woord. Sy leringe beklemtoon dat opregte geloof natuurlik goeie werke voortbring, wat 'n lewe weerspieël wat deur God se genade verander is en aktief betrokke is by Sy voornemens.

2:21 Is ons vader Abraham nie geregverdig uit werke toe hy sy seun Isak op die altaar geoffer het nie?

Die oënskynlike teenstrydigheid tussen Jakobus se stelling oor Abraham wat deur werke geregverdig is (Jak. 2:21) en Paulus se leerstelling dat Abraham deur geloof geregverdig is (Genesis 15:6; Romeine 4:1-5) draai om die verstaan van die term "geregverdig". Bybels, beteken om geregverdig te wees om regverdig verklaar te word in die oë van die wet, om nie regverdig gemaak te word in 'n mens se gedrag nie (Eksodus 23:7; Deuteronomium 25:1; 1 Konings 8:32).

Abraham se regverdiging in Genesis 15:6, toe God hom regverdig verklaar het vanweë sy geloof in God se belofte, dui op sy aanvanklike verklaring van geregtigheid voor God. Hierdie gebeurtenis word dikwels verstaan as Abraham se "nuwe geboorte" of geestelike wedergeboorte, 'n konsep wat in die Nuwe Testament vergelyk word (Genesis 15:6).

Jakobus, wat in Jakobus 2:21 skryf, bespreek 'n ander aspek van Abraham se lewe, en verwys spesifiek na Genesis 22, waar Abraham se geloof gedemonstreer is deur sy bereidwilligheid om Isak, sy seun, as 'n offer te bring. Jakobus voer aan dat Abraham se geloof bekragtig en voltooi is deur sy gehoorsaamheid en werke, wat wys dat opregte geloof natuurlik aksies voortbring wat in lyn is met God se wil.

Dit is van kardinale belang om daarop te let dat Jakobus en Paulus mekaar nie weerspreek nie, maar eerder verskillende dimensies van regverdiging aanspreek. Jakobus beklemtoon dat ware geloof deur dade bewys word. Terselfdertyd fokus Paulus op die fundamentele waarheid dat ons aanvanklik geregverdig (geregverdig verklaar) word deur geloof alleen, afgesien van werke (Romeine 3:28; Efesiërs 2:8-9).

Sodra hulle deur geloof geregverdig is, handhaaf gelowiges hulle regverdige posisie voor God vir ewig (Romeine 5:1; 8:1). Hulle verloor nie hul geregverdigde status nie of moet weer "gered" word nie. Die spanning spruit nie uit teologiese teenstrydigheid nie, maar uit verskillende beklemtonings van die veelvlakkige aard van regverdiging en die uitwerking daarvan in die gelowige se lewe.

Jakobus verwys na 'n tweede geval waar Abraham se geregtigheid deur sy werke verklaar is, en noem spesifiek Genesis 22 toe Abraham Isak op die altaar geoffer het. Hierdie gehoorsaamheid het die egtheid en volwassenheid van Abraham se geloof gedemonstreer, wat sy regverdige posisie voor God versterk het.

Die konsep van "regverdiging" in Jakobus se konteks behels die openbare demonstrasie of bevestiging van 'n mens se geloof deur dade. Terwyl Paulus regverdiging beklemtoon as God wat 'n persoon regverdig verklaar op grond van geloof alleen (Romeine 3:28; 4:3), fokus Jakobus op die uiterlike bewyse van daardie innerlike geregtigheid. Vir Jakobus bring opregte geloof natuurlik werke voort wat van die egtheid daarvan getuig (Jak. 2:18).

Abraham dien as 'n uitstekende voorbeeld van hierdie beginsel. Sy aanvanklike regverdiging in Genesis 15:6 het plaasgevind toe hy God se belofte van nageslag geglo het ten spyte van sy oudag en Sara se onvrugbaarheid. Hierdie geloof is aan hom as geregtigheid gereken (Genesis 15:6; Romeine 4:3). Later, in Genesis 22, is Abraham se geloof getoets toe hy gehoorsaam voorberei het om Isak te offer soos God beveel het. Hierdie gehoorsaamheid het die volwassenheid en kontinuïteit van Abraham se geloof gedemonstreer, wat getoon het dat sy geloof nie ledig was nie, maar aktief en lewend.

Jakobus se klem op werke as bewys van geloof komplementeer Paulus se lering oor regverdigmaking deur geloof alleen. Beide Jakobus en Paulus bevestig dat opregte geloof 'n getransformeerde lewe voortbring wat gekenmerk word deur gehoorsaamheid en goeie werke (Efesiërs 2:10). Hulle benader die onderwerp egter vanuit verskillende hoeke: Paulus spreek die grondliggende aard van geloof in regverdiging aan, en Jakobus beklemtoon die praktiese uitwerking van geloof in die daaglikse lewe.

Jakobus noem Abraham se tweede regverdiging, wat ware geloof se voortdurende en aktiewe aard onderstreep. Dit manifesteer in gehoorsaamheid en werke wat getuig van 'n mens se regverdige posisie voor God. Hierdie begrip help om Jakobus se leer te versoen met Paulus se teologiese klem op regverdiging deur geloof afgesien van werke van die wet.

2:22 Julle sien dat die geloof saam met sy werke werksaam was, en die geloof is deur sy werke volbring;

Jakobus beklemtoon dat Abraham se geloof "vervolmaak" of voltooi is deur sy werke, wat beteken dat sy optrede die egtheid van sy geloof versterk en gedemonstreer het. Dit strook met Jakobus se vroeëre lering in 1:2-4, waar hy beklemtoon dat beproewings en uitdagings in die lewe kan lei tot die rypwording en vervolmaking van geloof.

Abraham se geloof is diep getoets toe God hom beveel het om Isak as 'n offer te bring (Genesis 22). Ten spyte van die oënskynlike teenstrydigheid—God beloof nakomelinge deur Isak—het Abraham in geloof gehoorsaam en geglo dat

God selfs Isak uit die dood kon opwek (Hebreërs 11:19). Toe God 'n ram as 'n plaasvervangende offer voorsien het, het dit Abraham se vertroue en gehoorsaamheid bevestig, wat sy geloof versterk en versterk het.

Jakobus gebruik Abraham as 'n voorbeeld om te illustreer hoe geloof nie bloot intellektuele instemming of geloof is nie, maar aktiewe vertroue in God wat gehoorsame optrede tot gevolg het. Die Griekse woord wat as "vervolmaak" (teleioō) vertaal word, dui op groei, volwassenheid en voltooiing. Deur gehoorsaamheid het Abraham se geloof sterker geword, wat bewys dat ware geloof dinamies en transformerend is, wat 'n mens se lewe beïnvloed.

Hierdie konsep resoneer met die breër Bybelse leerstelling dat geloof en werke onafskeidbaar is in die lewe van 'n gelowige. Geloof inisieer verlossing en voortdurende heiligmaking, terwyl werke – gebore uit ware geloof – getuig van die werklikheid van daardie geloof (Efesiërs 2:8-10).

Daarom beklemtoon Jakobus se gebruik van Abraham se voorbeeld die sinergie tussen geloof en werke: ware geloof bring werke voort, en hierdie werke versterk en volmaak geloof, maak dit volkome en volwasse. Hierdie begrip verryk ons perspektief oor hoe geloof in die lewe van 'n gelowige funksioneer, wat die belangrikheid van beide geloof en gehoorsaamheid in die Christelike lewenswandel versterk.

2:23 , **en die Skrif is vervul wat sê: "Abraham het God geglo, en dit is hom as geregtigheid gereken" - en hy is 'n vriend van God genoem.**

Jakobus beklemtoon die belangrikheid van Genesis 15:6 in Abraham se lewe, en beklemtoon dat dit vervul of duidelik gemaak is toe Abraham Isak gehoorsaam aangebied het. Genesis 15:6 teken God se verklaring aan dat Abraham se geloof aan hom gekrediteer is as geregtigheid, wat 'n deurslaggewende oomblik in Abraham se verhouding met God merk. Hierdie verklaring het Abraham se bereidwilligheid om Isak as 'n offer te bring in Genesis 22 vooruitgeloop en voorafgeskadu, 'n gebeurtenis wat Abraham se onwrikbare vertroue en gehoorsaamheid aan God duidelik gedemonstreer het.

Die offer van Isak het duidelik gefokus op wat God jare tevore oor Abraham se geloof gespreek het. Abraham se optrede tydens hierdie verhoor het die diepte en egtheid van sy geloof geopenbaar. Hy het geglo in God se belofte van nageslag deur Isak. Tog was hy bereid om te gehoorsaam selfs toe hy gevra is om sy geliefde seun op te offer. Hierdie daad van gehoorsaamheid het die vroeëre verklaring van sy geregtigheid deur geloof bekragtig en vervul (Genesis 15:6).

Jakobus beklemtoon die betekenis daarvan dat God Abraham Sy "vriend" noem (2 Kronieke 20:7; Jesaja 41:8), 'n titel wat 'n hegte, intieme verhouding aandui wat gekenmerk word deur vertroue en lojaliteit. Hierdie vriendskap met God, volgens Jakobus, is nie bloot gebaseer op aanvanklike reddende geloof nie, maar op volgehoue gehoorsame geloof. Abraham se voortdurende vertroue en gehoorsaamheid dwarsdeur sy lewe het geïllustreer wat dit beteken om God se vriend te wees – iemand wat daardie geloof glo en deur dade demonstreer (Jakobus 2:21-23).

Jakobus kontrasteer die onsigbare transaksie van regverdigmaking deur geloof alleen, wat tussen 'n individu en God plaasvind, met die uiterlike manifestasie van regverdiging deur werke, wat sigbaar is vir ander en 'n mens se verhouding met God as Sy intieme vriend verstewig. Hierdie onderskeid strook met Jesus se lering dat gehoorsaamheid aan God se opdragte die kenmerk van vriendskap met Hom is (Joh. 15:14). Jakobus gebruik dus Abraham se voorbeeld om te illustreer hoe opregte geloof deur getroue gehoorsaamheid gedemonstreer word, wat uiteindelik lei tot 'n dieper, meer intieme verhouding met God.

Jakobus bring Abraham in sy argument om 'n deurslaggewende onderskeid tussen regverdiging deur geloof alleen en die voortdurende bekragtiging van daardie geloof deur werke te illustreer. Abraham se lewe dien as 'n betekenisvolle voorbeeld van iemand wat op grond van sy geloof deur God regverdig verklaar is (Genesis 15:6). Tog was dit deur daaropvolgende optrede – veral sy gehoorsaamheid in die offer van Isak (Genesis 22) – dat die werklikheid van sy geloof uiterlik gedemonstreer is.

Jakobus gebruik Abraham om aan te toon dat regverdigmaking deur geloof 'n aanvanklike verklaring van geregtigheid voor God is. Hierdie verklaring is gebaseer op 'n mens se vertroue in God se beloftes en genade, afgesien van enige verdienste van jou eie (Romeine 4:1-5). Jakobus beklemtoon egter dat egte geloof nie staties is nie, maar dinamies en transformerend. Soos Abraham s'n, gaan ware geloof voort om God te vertrou en te gehoorsaam, wat lei tot 'n lewe wat gekenmerk word deur goeie werke (Jakobus 2:22-23).

Vir James se Christelike lesers bemoedig en daag Abraham se voorbeeld uit. Dit moedig hulle aan dat hulle aanvanklike regverdiging deur geloof in God veilig en volkome is deur God se genade. Tog daag dit hulle uit om daagliks hulle geloof uit te leef deur gehoorsame optrede wat hulle vertroue in God se woord en Sy wil weerspieël. Deur dit te doen, soos Abraham, kan hulle die realiteit van hul geloof deur hul werke demonstreer, en daardeur hul regverdiging voor ander bekragtig en hul verhouding met God as sy vriende verdiep (Jakobus 2:24-26).

Samevattend, Jakobus gebruik Abraham om te leer dat hoewel regverdiging deur geloof alleen noodsaaklik is vir redding, die voortdurende demonstrasie van daardie geloof deur werke deurslaggewend is vir geestelike volwassenheid en 'n lewendige verhouding met God. Hierdie begrip strook met die breër Bybelse leerstelling dat opregte geloof natuurlik goeie werke voortbring as bewys van die egtheid daarvan (Efesiërs 2:8-10; Titus 3:8).

2:24 U sien dat 'n mens geregverdig word uit werke en nie uit geloof alleen nie.

Deur die meervoud "jy" in hierdie vers te gebruik, skuif Jakobus van die aanspreek van die hipotetiese beswaarmaker na om sy lesers direk aan te spreek. Hierdie oorgang dui aan dat James sy weerlegging teen die beswaarmaker se argument voltooi het en nou sy lering met sy gehoor versterk.

Die term "werke" in Jakobus se konteks dien om geregtigheid te verklaar of te demonstreer. Die Griekse werkwoord "is geregverdig" (dikaioo) in die huidige passiewe indikatiewe vorm beklemtoon 'n voortdurende proses of toestand waar werke dien as bewys van die interne werklikheid van geloof. Met ander woorde, werke is die uiterlike manifestasie wat aan ander getuig dat 'n persoon werklik reddende geloof beoefen het. Dit strook met Jakobus se vroeëre bewering dat geloof sonder werke dood is en nie die teenwoordigheid van opregte geloof effektief kan demonstreer nie (Jakobus 2:17).

Jakobus erken egter dat nie elke gelowige konsekwent sigbare vrugte in hul lewens sal dra nie (Jak. 2:17). Sommige wat blykbaar die vrug van reddende geloof toon, kan mettertyd geopenbaar word as 'n gebrek aan ware geloof. Dit eggo Jesus se gelykenis van die koring en die onkruid (Matteus 13:24-30), waar sommige wat as koring (gelowiges) voorkom, eintlik onkruid (ongelowiges) is.

In die interpretasie van Jakobus se leer oor regverdiging, is dit belangrik om sy konteks van dié van Paulus te onderskei. Paulus spreek die gevaar aan om op werke te vertrou vir aanvanklike regverdiging voor God, en beklemtoon dat verlossing uit genade deur geloof alleen is (Efesiërs 2:8-9). Daarteenoor is Jakobus gemoeid met gelowiges wat hulself daarvan verskoon om hul geloof deur goeie werke te demonstreer, en daardeur 'n geloof toon wat onaktief en oneffektief is in die getuienis daarvan (Jak. 2:14).

Wat die aard van regverdiging in Jakobus betref, argumenteer sommige dat dit eerder op regverdiging voor ander betrekking het as 'n reddende konteks. Hierdie interpretasie dui daarop dat Jakobus primêr gemoeid is met hoe gelowiges hul geloof deur werke in 'n sigbare, praktiese sin demonstreer eerder as die teologiese konsep van regverdiging in terme van aanvanklike verlossing.

Jakobus gebruik die meervoud "jy" om te beklemtoon dat werke eksterne bewyse van interne geloof is, wat geregtigheid voor ander demonstreer. Hierdie perspektief help om Jakobus se lering oor die verhouding tussen geloof en werke te verduidelik, en beklemtoon die belangrikheid van 'n aktiewe en vrugbare geloof in die getuienis daarvan aan ander.

2:25 En is Ragab, die hoer, nie ook geregverdig deur werke toe sy die boodskappers ontvang en op 'n ander manier uitgestuur het nie?

Jakobus se insluiting van Ragab saam met Abraham in sy argument illustreer en versterk sy tema rakende die verhouding tussen geloof en werke. Ragab, 'n vrou van Jerigo en voorheen 'n prostituut, is 'n treffende voorbeeld van iemand wie se lewe en optrede opregte geloof in God getoon het.

Ragab se geloof word in die Bybelse verslag beklemtoon selfs voordat die Israelitiese spioene by haar huis aangekom het (Josua 2:9-13). Sy het die God van Israel as die ware God erken. Sy het op Sy belofte van verlossing vertrou, wat haar gelei het om die spioene weg te steek en hulle teen gevangeneming te beskerm. Deur haar optrede het Ragab haar geloof in God se plan vir die Israeliete gedemonstreer en haar gewilligheid om haar by Sy mense in lyn te bring, wat haar lewe in gevaar gestel het.

Jakobus kontrasteer Ragab met Abraham en beklemtoon hulle verskillende agtergronde en omstandighede. Abraham, die patriarg en vader van die gelowiges, het sy geloof deur gehoorsaamheid gedemonstreer, veral in sy gewilligheid om Isak as 'n offer te bring in reaksie op God se opdrag (Genesis 22:1-19). Aan die ander kant het Ragab haar geloof geopenbaar deur haar gasvryheid en beskerming teenoor die spioene, wat uiteindelik haar redding verseker het toe Jerigo verower is.

Die insluiting van Ragab saam met Abraham beklemtoon Jakobus se breër punt dat ware geloof deur werke bewys word. Beide Abraham en Ragab, ten spyte van hul hemelsbreed verskillende agtergronde en rolle in die Bybelse geskiedenis, is 'n voorbeeld van die beginsel dat geloof sonder werke dood is (Jakobus 2:26). Hulle verhale beklemtoon dat ware geloof aktief en transformerend is, wat gelowiges aanspoor tot gehoorsaamheid en optrede wat hulle vertroue in God se beloftes weerspieël.

Ragab se insluiting in Jakobus se argument illustreer die universaliteit van die beginsel wat werk om geloof te bekragtig. Haar voorbeeld, naas Abraham s'n, demonstreer dat ongeag 'n mens se agtergrond of herkoms, opregte geloof in God hom manifesteer in gehoorsame optrede en 'n lewe wat vertroue in Sy soewereiniteit en beloftes weerspieël.

2:26 **Want soos die liggaam sonder die gees dood is, is die geloof sonder die werke ook dood.**

Jakobus sluit sy bespreking oor geloof en werk af met 'n kragtige analogie: om geloof sonder werke te vergelyk met 'n liggaam sonder 'n gees. Net soos 'n fisiese liggaam sonder 'n gees leweloos en nutteloos is, so is geloof sonder werke. Hierdie analogie beklemtoon dat geloof, om effektief en lewendig te wees, gepaard moet gaan met dade wat die lewenskragtigheid en opregtheid daarvan demonstreer.

Jakobus se leer hier weerspreek nie die leerstellings van genade wat deur Paulus of Johannes se klem op geloof as die enigste voorwaarde vir die ontvangs van die ewige lewe aangebied word nie. Jakobus vul eerder hierdie leringe aan deur die praktiese uitwerking van geloof in die gelowige se lewe aan te spreek. Hy waarsku teen die idee dat 'n "dooie geloof" nie in die lewe van 'n Christen kan bestaan nie, en beklemtoon dat geloof sonder ooreenstemmende handelinge onaktief is en dus oneffektief is om God se voornemens te bereik.

Dit is van kardinale belang om te verstaan dat Jakobus nie suggereer dat 'n "dooie geloof" tot ewige veroordeling (hel) lei nie. In plaas daarvan beklemtoon hy die gevare wat 'n gebrek aan werk vir die Christelike ervaring kan inhou, insluitend die potensiële gevolge van sonde in hierdie lewe. Jakobus pleit vir 'n lewendige en aktiewe geloof wat geloof bely en dit demonstreer deur gehoorsaamheid en goeie werke.

Jakobus spreek ryk en arm gelowiges regdeur sy brief aan en daag hulle uit om die egtheid van hul geloof te ondersoek deur hul optrede te evalueer. Hy bevraagteken nie hul verlossingstatus of bied 'n nuwe plan van verlossing aan nie. Hy moedig hulle eerder aan om hulle geloof uit te leef op tasbare maniere wat God se geregtigheid en liefde weerspieël.

Jakobus se klem op geloof en werke dien as 'n noodsaaklike waarskuwing en aanmoediging vir gelowiges om hulle geloof aktief uit te leef, wetende dat opregte geloof 'n lewe voortbring wat getransformeer word deur gehoorsaamheid en liefde vir God en ander.

Jakobus se gedeelte oor geloof en werke hang daarvan af om presies te verstaan wat hy met "dooie geloof" bedoel. Hy gebruik die term "dooies" sinoniem met "nutteloos", wat aandui dat geloof sonder gepaardgaande handelinge nie aktief bydra tot die gelowige se lewe of tot God se koninkryksdoeleindes nie. Wat belangrik is, Jakobus stel nie voor dat iemand met dooie geloof heeltemal aan geloof ontbreek of ongered is nie. In plaas daarvan beklemtoon hy dat so 'n persoon reddende geloof besit, maar nie daarin slaag om dit feitlik daagliks uit te leef nie.

Die konsep van "regverdig" in Jakobus se konteks beteken om regverdig te verklaar, nie om regverdig te maak nie. Dit strook met die teologiese begrip dat regverdiging plaasvind op die oomblik van redding wanneer God 'n gelowige regverdig verklaar op grond van geloof in Christus, nie deur hul eie werke nie. Net so omvat die term "red" (Gr. sozo) die geheel van die gelowige se reis, insluitend regverdiging, heiligmaking (die proses om meer soos Christus te word) en verheerliking (om in Christus volmaak te word in ewigheid).

Jakobus se besorgdheid is hoofsaaklik met progressiewe heiligmaking – die voortdurende proses om meer heilig en Christus-agtig te word in die daaglikse lewe. Hy beklemtoon die noodsaaklikheid van goeie werke, nie om verlossing te verdien nie, maar om die werklikheid van 'n mens se geloof te demonstreer. In Jakobus se siening is goeie werke natuurlike uitwerkings en bewyse van opregte geloof. Terwyl Jakobus dus nie leer dat goeie werke vir aanvanklike verlossing (regverdiging) nodig is nie, beklemtoon hy die belangrikheid daarvan in die voortdurende Christelike wandel (heiligmaking) sterk.

In praktiese terme waarsku Jakobus dat die nalaat om deur geloof te lewe – vertroue en gehoorsaamheid aan God in die daaglikse lewe – 'n mens se geloof onaktief of "nutteloos" maak. Dit kan daartoe lei dat jy die volheid van God se seëninge misloop en selfs God se dissiplinêre maatreëls in die gesig staar, wat gevolge in hierdie lewe kan insluit. Daarom moedig Jakobus gelowiges aan om voortdurend hul geloof uit te oefen deur hul optrede in lyn te bring met hul oortuigings, en daardeur die transformerende krag van God se genade in hul lewens te demonstreer.

Om op te som, Jakobus se lering in verse 14-26 is 'n oproep tot aktiewe geloof wat 'n impak het op hoe gelowiges daagliks leef. Dit is 'n herinnering om selfvoldaanheid te vermy en om te verseker dat geloof nie bloot teoreties is nie, maar aktief 'n mens se keuses en optrede beïnvloed. Hierdie perspektief verryk ons begrip van Christelike lewe. Dit beklemtoon die holistiese aard van geloof wat beide geloof en praktyk insluit.

Jesus se stelling in Matteus 7:16, 20, "U sal hulle aan hulle vrugte ken," dien as 'n algemene riglyn vir die evaluering van mense eerder as 'n streng formule waar werke altyd iemand se verlossingstatus aandui. Hierdie perspektief is van kardinale belang, want as werke 'n onfeilbare aanduiding van verlossing was, sou dit elke keer as 'n Christen gesondig het, impliseer dat hulle ongered was. Die Skrif leer egter dat redding gebaseer is op geloof in Christus se offer en God se verklaring van geregtigheid, nie net op goeie werke nie (Efesiërs 2:8-9; Romeine 3:21-22).

Die gelykenis van die koring en onkruid (Matteus 13:24-41) illustreer dat daar binne die Christelike gemeenskap beide opregte gelowiges is en diegene wat uiterlik soortgelyk mag lyk, maar nie opregte geloof het nie. Sommige Christene sukkel dalk vir lang tye met vleeslikheid of toon teenstrydighede in hul wandel met God. Tog bly hulle redding veilig vanweë hulle aanvanklike geloof in Christus en God se genade.

Jakobus se boodskap strook met die oproep om 'n mens se geloof konsekwent en prakties uit te leef. Hy beklemtoon dat geloof bewys word deur aanvanklike geloof en daaglikse voortdurende vertroue en gehoorsaamheid aan God. Dit behels die aktiewe demonstrasie van geloof deur goeie werke, wat die getransformeerde lewe weerspieël wat voortspruit uit 'n opregte verhouding met Christus (Jakobus 2:18).

Terwyl goeie werke van gelowiges verwag word as 'n natuurlike uitvloeisel van geloof (Kolossense 2:6; Titus 3:8; 2 Petrus 1:5-7), is dit nie outomaties of onvermydelik nie. Hulle vereis doelbewuste inspanning en die bemagtiging van die Heilige Gees om deugde soos morele uitnemendheid, selfbeheersing, volharding, godsaligheid, broederlike goedhartigheid en liefde te kweek. Hierdie eienskappe word ontwikkel deur voortdurende geloof en gehoorsaamheid aan God se Woord.

Jakobus moedig gelowiges aan om hul geloof outentiek uit te leef, nie net om op 'n vorige geloofsbelydenis te vertrou nie, maar om voortdurend in verhouding met God te groei en Sy karakter deur hul optrede te weerspieël. Hierdie perspektief verryk ons begrip van Christelike dissipelskap, en beklemtoon die genade wat red en die voortdurende transformasie wat 'n ware volgeling van Christus kenmerk.

Hoofstuk 2 Opsomming

Hoofstuk 2 van die boek Jakobus spreek die tema van geloof en werke aan, en beklemtoon die verband tussen opregte geloof in Christus en die uitwerking van daardie geloof deur goeie werke. Hier is 'n gedetailleerde opsomming van Jakobus hoofstuk 2:

Vers 1-13: Waarskuwing teen begunstiging

Jakobus begin deur die sonde van partydigheid of begunstiging te veroordeel op grond van uiterlike voorkoms, soos rykdom of status. Hy illustreer dit met 'n voorbeeld van hoe 'n ryk man spesiale behandeling bo 'n arm man by 'n byeenkoms kry. Jakobus herinner gelowiges daaraan dat sulke gesindhede die geloof in ons glorieryke Here Jesus Christus weerspreek, wat geen partydigheid getoon het nie en ons beveel het om ons naaste lief te hê soos onsself. Hy waarsku dat diegene wat bevoordeling toon sonde pleeg en skuldig bevind word as oortreders van die wet. Oordeel sonder genade wag op diegene wat geen genade bewys het nie, wat die belangrikheid beklemtoon om die koninklike wet van liefde uit te leef.

Vers 14-26: Geloof en Werke

Jakobus delf dan in die verhouding tussen geloof en werke, 'n sentrale tema van hierdie hoofstuk. Hy stel 'n retoriese vraag: "Wat baat dit, my broers en susters, as iemand beweer dat hy geloof het, maar geen dade het nie?" (vers 14, NLV). Jakobus argumenteer dat opregte geloof as dit bestaan, natuurlik ooreenstemmende aksies sal voortbring. Hy gee 'n voorbeeld: as iemand beweer dat hy geloof het, maar nie liefde en praktiese sorg aan 'n broer of suster in nood betoon nie, is hul geloof nutteloos. Ware geloof word deur werke gedemonstreer.

James bied dan twee historiese voorbeelde aan om sy punt te illustreer:

Abraham : Hy is geregverdig deur sy geloof toe hy God gehoorsaam en Isak op die altaar geoffer het (Genesis 22). Hierdie daad het die egtheid van sy geloof gedemonstreer. Dit het die Skrif vervul wat gesê het: "Abraham het God geglo, en dit is hom as geregtigheid gereken" (v. 23).

Ragab : Die prostituut van Jerigo wat die spioene deur geloof verwelkom en gehelp het om te ontsnap (Josua 2). Haar optrede het haar geloof gewys en daartoe gelei dat sy en haar familie gered is.

Jakobus kom tot die gevolgtrekking dat geloof sonder werke dood is, en beklemtoon dat ware geloof aktief en produktief is. Hy kontrasteer dit met 'n hipotetiese beswaar: "Jy het geloof, ek het dade" (v. 18). Hy weerspreek deur te sê dat geloof en dade nie geskei kan word nie; ware geloof lei natuurlik tot dade, en dade bevestig die egtheid van geloof.

Sleuteltemas en -lesse

Gunsteling en liefde : Jakobus beklemtoon die belangrikheid van onpartydigheid en liefde in Christelike gedrag. Om begunstiging te toon, weerspreek die opdrag om jou naaste lief te hê en openbaar 'n gebrek aan opregte geloof.

Geloof en Werke : Jakobus verduidelik dat hoewel verlossing deur geloof alleen is, ware geloof nooit alleen is nie – dit gaan gepaard met werke wat die werklikheid daarvan demonstreer. Werke is nie die middel van verlossing nie maar die bewys daarvan.

Voorbeelde van geloof : Abraham en Ragab toon hoe opregte geloof tot gehoorsame optrede lei. Hul lewens beklemtoon dat geloof meer is as intellektuele instemming; dit behels vertroue in God wat uitloop op gehoorsame reaksies op Sy opdragte.

Die aard van geloof : Jakobus daag gelowiges uit om hul geloof te ondersoek. Ware geloof verander lewens en manifesteer in geregtigheid en deernis teenoor ander.

Jakobus hoofstuk 2 verskaf 'n robuuste teologiese grondslag vir die verhouding tussen geloof en werke, en beklemtoon die onafskeidbaarheid van ware geloof van die uiterlike uitdrukking daarvan deur regverdige dade en liefde vir ander. Dit roep gelowiges op om hul geloof outentiek uit te leef, om te verseker dat hulle die evangelie se transformerende krag in elke aspek weerspieël.

Hoofstuk 2 Gebed

Hemelse Vader,

Ons kom nederig voor U en erken U soewereiniteit en goedheid. Dankie vir die wysheid wat U deur U Woord deel, veral deur Jakobus hoofstuk 2. Help ons, Here, om hierdie leringe in ons daaglikse lewens toe te pas.

Vergewe ons, Vader, vir die kere wat ons begunstiging of partydigheid getoon het op grond van uiterlike voorkoms. Help ons om ander te sien soos U hulle sien, met liefde en deernis, ongeag hul status of agtergrond. Mag ons altyd onthou dat U koninkryk nederigheid en liefde bo alles waardeer.

Here, versterk ons geloof. Leer ons dat ware geloof nie bloot 'n belydenis van geloof is nie, maar 'n lewende, aktiewe vertroue in U wat gehoorsaamheid en goeie werke tot gevolg het. Mag ons geloof sigbaar wees in ons optrede terwyl ons poog om ander opofferend te dien en lief te hê, net soos Jesus gedoen het.

Gee ons wysheid, Heilige Gees, om geleenthede te onderskei om vriendelikheid, barmhartigheid en deernis te betoon aan diegene in nood. Help ons om daders van die Woord te wees en nie net hoorders nie, sodat ons geloof lewendig en effektief kan wees om lewens en gemeenskappe te transformeer.

Here, ons lig diegene op wat met twyfel worstel of geloofsbeproewinge in die gesig staar. Versterk hulle harte, o God, en herinner hulle aan U getrouheid en beloftes. Help hulle om te volhard, met die wete dat hulle U beloftes sal erf deur geloof en geduld.

Vader, mag ons lewens 'n weerspieëling wees van U genade en barmhartigheid. Mag ons woorde en dade U verheerlik en ander nader aan U koninkryk trek. Gebruik ons as instrumente van U vrede en agente van U liefde in 'n wêreld wat U lig broodnodig het.

Ons bid al hierdie dinge in die Naam van Jesus Christus, ons Here en Verlosser.

Amen.

Hoofstuk 2 Vrae

Waarteen waarsku Jakobus in hoofstuk 2?

 Hoe moet Christene volgens Jakobus die rykes en armes behandel?

 Watter analogie gebruik Jakobus om die punt oor geloof en werke te illustreer?

 Hoe beskryf Jakobus geloof sonder werke?

 Watter Ou-Testamentiese figuur gebruik Jakobus om geloof wat deur werke gedemonstreer word, te illustreer?

 Wie anders gebruik Jakobus as voorbeeld van geloof wat deur werke getoon word?

 Wat argumenteer Jakobus oor geloof en werke?

 Hoe reageer Jakobus op iemand wat beweer dat hy geloof het, maar geen werke het nie?

 Hoe is geloof en werke volgens Jakobus verbind?

 Wat sê Jakobus oor die belangrikheid daarvan om die hele wet te gehoorsaam?

 Wat leer Jakobus oor barmhartigheid en oordeel?

Hoe daag Jakobus sy lesers uit oor hulle geloof?

Watter voorbeeld gebruik Jakobus om die punt oor geloof en werke te beklemtoon?

Watter soort geloof het demone volgens Jakobus?

Hoe beskryf Jakobus die wet van vryheid?

Wat sê Jakobus oor geloof wat werke ontbreek?

Wat bedoel Jakobus met geregverdig word deur werke?

Hoe moet gelowiges volgens Jakobus diegene behandel wat in hulle gemeente kom?

Wat is die primêre boodskap wat Jakobus wil hê sy lesers moet verstaan oor geloof en werke?

Hoe sluit Jakobus sy bespreking oor geloof en werke af?

Jakobus Hoofstuk 3:1-18

Om die tong te tem

Jakobus beklemtoon die kritieke rol van ons woorde in ons werke, en beklemtoon hoe ons toespraak partydigheid kan openbaar. Hy verskaf leiding om gelowiges te help om hulle woorde in lyn te bring met God se wil. Wat geloof en gehoorsaamheid betref, waarsku hy teen die wanopvatting dat geloof alleen, sonder ooreenstemmende handelinge, voldoende is. Histories, wanneer hierdie geloof posvat, bevorder dit 'n toename in selfaangestelde leraars en predikers binne die Kerk, wat poog om hul interpretasies te propageer afgesien van volle gehoorsaamheid aan God se woord (Jakobus 2:2-3).

Jakobus fokus op die misbruik van die tong binne Christelike aanbidding, lering en kerklewe, en weerspieël bekommernisse wat in ander Bybelse gedeeltes gevind word (vgl. 1 Korintiërs 12:3; 14:27-39). Met die oorgang van die kwessie van ledige geloof, skuif Jakobus om die gevare van ledige spraak te bespreek.

Jakobus gebruik 'n retoriese styl wat terugkring na die tema van die toespraak, wat voorheen in 1:19 en 1:26 aangespreek is, en beklemtoon die kritieke belangrikheid daarvan om 'n mens se tong te beheer (Jakobus 3:2). Hierdie hoofstuk spreek ook die neiging aan om teorie bo praktyk te prioritiseer, 'n tema wat verband hou met sy vroeëre leringe (Jakobus 2:14-26).

Jakobus rig sy boodskap veral op leiers binne die kerk, en spoor hulle aan om die krag van hul woorde te benut om die koers van die kerk se lewe en missie te stuur en te rig. Hy gebruik aanskoulike beeldspraak, en vergelyk die tong met die bietjie in 'n perd se bek wat sy rigting beheer (Jak. 3:3) en die roer van 'n skip wat sy pad bepaal (Jak. 3:4). Hierdie analogieë beklemtoon die betekenisvolle invloed van spraak in die vorming van die gemeenskap en missie van die kerk.

3:1 Nie baie van julle moet leraars word nie, my broeders, want julle weet dat ons wat onderrig gee, met groter strengheid beoordeel sal word.

In sy kenmerkende styl stel Jakobus 'n nuwe onderwerp met 'n riglyn in, soos gesien in vorige hoofstukke (vgl. Jakobus 1:2; 2:1). Terwyl elke Christen geroep word om God se Woord te deel en oor te dra (Matteus 28:19; Hebreërs 5:12), spreek Jakobus spesifiek diegene aan wat streef om formele leraars binne die kerk te wees. Hierdie rol het gedurende sy tyd beduidende eer en invloed gehad, soortgelyk aan die eerbiedige rabbi's van die Joodse tradisie (Matteus 23:8).

James waarsku daarteen om te streef om onderrig te gee sonder behoorlike kwalifikasies of waardige motiewe, soortgelyk aan sommige in sy gehoor wat prestige of ander onwaardige doelwitte deur onderwysrolle gesoek het. Hy impliseer dat diegene wat onderrig, strenger oordeel sal ondervind, beide van hul luisteraars en uiteindelik van God, aangesien hulle bely dat hulle die waarheid ken en daarvolgens lewe (Jakobus 3:1).

James erken die noodsaaklikheid van onderwysers terwyl hy teen onbevoegdheid waarsku, en veroordeel nie onderrig self nie. Tog dring hy aan op selfbeheersing en kwalifikasie voordat hy so 'n rol aanneem. Hy beklemtoon die gevaar van geestelike en intellektuele trots wat die onderwyskantoor vergesel, en waarsku daarteen om aanmatigend of "Sir Oracle" te word in die oordrag van geestelike onderrig (Jakobus 3:1-2).

3:2 Want ons struikel almal op baie maniere. En as iemand nie struikel in wat hy sê nie, hy is 'n volmaakte man, in staat om ook sy hele liggaam in toom te hou.

Jakobus beklemtoon die uitdaging om die tong te beheer, en beklemtoon die geneigdheid daarvan om beduidende foute of "strompeling" in spraak te veroorsaak (Jakobus 3:2). Hy vergelyk die tong met 'n klein maar kragtige lid van die liggaam wat berug moeilik is om te tem (Jakobus 3:5-12). Ten spyte van ons beste pogings, het net Jesus Christus spraakbeheer perfek bemeester.

Geestelike volwassenheid, argumenteer Jakobus, hang af van die verkryging van bemeestering oor 'n mens se tong, 'n tema wat weerklank vind in ander Bybelse leringe soos in Titus 1:11. Die tong, terwyl dit klein is, dra groot potensiaal vir beide goed en skade. Jakobus stel voor dat, ongeag ander sondes, almal sukkel om hul spraak te beheer (Jakobus 3:8).

James beklemtoon die belangrikheid daarvan om dissipline oor ons woorde uit te oefen, met die erkenning dat selfbeheersing 'n deurslaggewende rol speel in ons geestelike groei en volwassenheid.

3:3 As ons stukkies in die bekke van perde steek sodat hulle ons gehoorsaam, dan lei ons ook hulle hele liggame.

Jakobus trek 'n parallel tussen die tong en 'n perd se toom, wat illustreer dat net soos 'n klein bietjie in 'n perd se bek sy hele liggaam rig, so kan beheer van die tong ook 'n mens se hele wese beheer (Jak. 3:3-5). Hy beklemtoon die beduidende impak van spraak op ons lewens, en beklemtoon hoe die bemeestering van die tong ons in staat stel om beheer oor ons optrede en gedrag uit te oefen.

Jakobus se beeldspraak beklemtoon 'n algemene struikelpunt vir gelowiges—die onbeheerste tong. As dit ongemerk gelaat word, kan hierdie klein dog kragtige orgaan tot beduidende slaggate en uitdagings in ons geestelike reis lei (Jakobus 3:6).

Jakobus moedig gelowiges aan om die krag van hul woorde en die belangrikheid van selfbeheersing oor hul spraak te erken. Deur dit te doen, toon hulle volwassenheid en selfdissipline en regeer hulle doeltreffend hulle lewens op 'n wyse wat God eer en eenheid binne die geloofsgemeenskap bevorder.

3:4 Kyk ook na die skepe: al is hulle so groot en word hulle deur sterk winde aangedryf, word hulle deur 'n baie klein roer gelei waar die wil van die loods ook al lei.

Jakobus illustreer die krag van die tong verder deur dit te vergelyk met die klein roer van 'n skip, wat, ten spyte van sy grootte, die hele vaartuig rig selfs in die aangesig van sterk winde (Jakobus 3:4). Nadat hy waarskynlik talle skepe op die See van Galilea en moontlik die Middellandse See waargeneem het, gebruik Jakobus hierdie lewendige beeldspraak om te beklemtoon hoe iets wat oënskynlik onbeduidend is—'n roer—beduidende invloed op die loop van 'n skip kan uitoefen.

Op dieselfde manier stel Jakobus voor dat ons tonge, hoewel klein in fisiese grootte, aansienlike invloed op ons lewens en interaksies uitoefen. Wanneer ons spraak beheer en verstandig gerig word, kan dit ons deur uitdagende omstandighede navigeer en ons help om struikelblokke te oorkom wat andersins tot onenigheid of skade kan lei (Jakobus 3:5-6).

Hierdie analogie beklemtoon James se breër boodskap oor die bemeestering van ons spraak vir persoonlike integriteit, verhoudingsharmonie en geestelike volwassenheid. Deur selfbeheersing en wysheid in ons woorde aan die dag te lê, kan ons ons lewens effektief in ooreenstemming met God se wil en doel stuur.

3:5 So is ook die tong 'n klein lidmaat, maar dit spog met groot dinge. Hoe 'n groot woud word deur so 'n klein vuurtjie aan die brand gesteek!

Jakobus gaan voort om die buitensporige impak van die tong uit te lig ten spyte van sy klein grootte, en gebruik twee vroeëre illustrasies – die bietjie in 'n perd se bek en die roer van 'n skip – om sy krag om te rig en te beïnvloed te beklemtoon (Jakobus 3:3-4). . Eerder as om vers 5a te interpreteer as 'n stelling oor pretensieuse aansprake, beklemtoon Jakobus die praktiese krag van spraak in die vorming van uitkomste en verhoudings.

Hy vergelyk die tong met 'n vonk wat 'n groot bosbrand kan aansteek (Jakobus 3:5-6). Hierdie analogie beeld die potensiële destruktiwiteit van onbeheerde spraak aanskoulik uit. Net soos 'n klein vonkie 'n uitgestrekte woud aan die brand kan steek, dra die tong, hoewel fisies klein, geweldige krag om skade te veroorsaak as dit nie versigtig bestuur word nie.

James se beeldspraak beklemtoon die belangrikheid daarvan om versigtigheid en wysheid in ons toespraak aan die dag te lê. Ten spyte van sy grootte, kan die tong beduidende invloed uitoefen, hetsy vir konstruktiewe of vernietigende doeleindes. Deur die potensiële impak daarvan te erken, word gelowiges aangemoedig om hul woorde in te span vir opbou, vrede en die eer van God eerder as om hulle toe te laat om konflik of skade binne hul gemeenskappe aan te wakker (Jakobus 3:7-8).

3:6 En die tong is 'n vuur, 'n wêreld van ongeregtigheid. Die tong word onder ons lede gesteek, die hele liggaam bevlek, die hele lewensloop aan die brand gesteek en deur die hel aan die brand gesteek.

Jakobus beeld die tong lewendig uit as 'n kragtige krag soortgelyk aan vuur, wat in staat is om 'n "wêreld van ongeregtigheid" te ontketen (Jakobus 3:6). Hierdie metafoor beklemtoon ongekontroleerde spraak se krag en perverse aard. Die tong, voer Jakobus aan, word 'n kanaal waardeur allerlei bose eienskappe inherent aan die gevalle mensdom – soos hebsug, afgodery, godslastering, wellus en hebsug – uitdrukking vind (Jakobus 3:6).

Vanuit Jakobus se perspektief tree die tong op as 'n groot stelsel van ongeregtigheid, wat in staat is om vernietigende invloede te versprei soos vuur wat onbeheerbaar versprei (Jakobus 3:6). Hy beeld dit uit as 'n poort waardeur die invloede van die hel elke aspek van die lewe wat dit raak, kan deurdring en aanblaas (Jakobus 3:6).

Interessant genoeg gebruik Jakobus die term "hel" (Grieks: Gehenna) buite die Sinoptiese Evangelies, wat die wydverspreide impak van ongekontroleerde spraak op beide individuele lewens en moontlik die gemeenskap van gelowiges beklemtoon (Jakobus 3:6). Deur die tong in sulke skerp terme uit te beeld, spoor Jakobus gelowiges aan om waaksaam en dissipline te beoefen in hulle spraak, en erken die potensiaal daarvan om óf op te bou en te seën óf om te korrupteer en te vernietig.

3:7 Want elke soort dier en voël, van reptiel en seediere, kan getem word en is deur die mensdom getem,

Histories het mense hul vermoë getoon om verskeie vorme van dierelewe te beheer. Van die leer van leeus, tiere en ape om toertjies uit te voer soos om deur hoepels te spring tot die opleiding van papegaaie en kanaries om te praat en te sing, en selfs om slange te bekoor of om dolfyne en walvisse opdrag te gee om spesifieke take uit te voer—hierdie prestasies wys die mensdom se vaardigheid in diere-opleiding en manipulasie (Jakobus 3:7).

Die antieke wêreld was trots op hierdie vermoëns en het dit gesien as 'n bewys van menslike oorheersing oor die diereryk. Die Griekse woord wat deur Jakobus gebruik word, wat dikwels as "getem" vertaal word, kan dalk meer akkuraat as "gedemp" weergegee word. Hierdie onderskeid impliseer dat hoewel mense baie diere suksesvol beheer het, nie almal mak gemaak is in die sin om ten volle mak of onderdanig te word aan menslike gesag nie (Jakobus 3:7).

Jakobus gebruik hierdie analogie om die paradoksale aard van die tong uit te lig. Ten spyte van die mensdom se vermoë om diere te beheer en te manipuleer, bly die tong 'n formidabele uitdaging om binne onsself te beheer (Jakobus 3:8). Hierdie vergelyking beklemtoon die belangrikheid daarvan om 'n mens se spraak te bemeester, en erken die potensiaal daarvan om harmonie en seën of onenigheid en skade in ons interaksies en verhoudings te bring.

3:8, maar geen mens kan die tong tem nie. Dit is 'n rustelose euwel, vol dodelike gif.

Jakobus beklemtoon die groot uitdaging om die tong te beheer, en let op dat geen mens, sonder die hulp van die Heilige Gees, dit ooit ten volle kon bedwing of tem nie (Jakobus 3:8). Hy vergelyk die tong se gevaar met dié van dodelike giftige diere, en beklemtoon die onophoudelike aktiwiteit en vernietigende potensiaal daarvan deur woorde alleen (Jakobus 3:8).

Soos vuur en wilde diere, besit die tong die krag om vernietiging en skade aan te rig (Jakobus 3:5-6). Jakobus beklemtoon dit deur parallelle tussen hierdie elemente te trek, en beklemtoon hul vermoë om verwoesting te saai as dit nie behoorlik bestuur of in bedwang gehou word nie (Jakobus 3:5).

Hierdie perspektief strook met Bybelse wysheid wat gevind word in gedeeltes soos Psalm 62:4, wat die krag van spraak erken om skade aan te doen en te vernietig. Jakobus se leringe dring dus by gelowiges aan om op die leiding van die Heilige Gees staat te maak om hulle spraak te beheer, en erken die potensiaal daarvan om óf op te bou óf af te breek, afhangende van hoe dit gebruik word (Jakobus 3:9-12).

3:9 **Daarmee loof ons ons Here en Vader, en daarmee vervloek ons mense wat na die gelykenis van God gemaak is.**

Jakobus beklemtoon die inkonsekwentheid daarvan om ons woorde te gebruik om God te eer en om medemens, wat na die beeld van God geskape is, te oneer aan (Genesis 1:27). Hierdie tweeledige benadering weerspreek die fundamentele waarheid dat alle mense die goddelike beeld weerspieël, en dus respek en eer in ons toespraak verdien (Jakobus 3:9).

Jakobus se betekenisvolle les is dat wanneer ons vloek of sleg praat van iemand wat na God se beeld geskep is, ons God, die uiteindelike prototipe van die mensdom se beeld, indirek vervloek en disrespek het (Jakobus 3:9).

In die Joodse tradisie word die seën van God as 'n heilige daad beskou, geïllustreer deur rituele soos die opsê van die Agtien seënwense, wat afsluit met bevestigings van God se seën (Jakobus 3:9). Net so het Jode tradisioneel "Geseënd is hy" by elke vermelding van God se naam in spraak en skrif gevoeg, wat diepe eerbied en respek weerspieël (Jakobus 3:9).

Jakobus se vermaning daag gelowiges uit om hul toespraak met hierdie eerbied en respek in lyn te bring, die goddelike beeld in elke persoon te erken en God te eer deur hoe hulle oor en met ander praat (Jak. 3:10-12). Hierdie benadering bevorder eenheid, respek en waardigheid binne die geloofsgemeenskap, wat God se karakter weerspieël en Sy begeerte dat ons mekaar moet liefhê soos Hy ons liefhet.

3:10 **Uit dieselfde mond kom seën en vloek. My broers, hierdie dinge behoort nie so te wees nie.**

Jakobus veroordeel die inkonsekwentheid waar seëninge vir God en vloeke teenoor ander uit dieselfde mond uitgaan, en let op dat dit teen beide God se wil en die natuurlike orde van dinge ingaan (Jakobus 3:10). Terwyl gelowiges die potensiaal besit om deur die inwonende Heilige Gees hul tonge te beheer, mag hulle nie altyd hierdie vermoë effektief inspan nie (Jakobus 3:8).

Jakobus dring aan op die praktiese toepassing van geloof in die daaglikse lewe. Hy vermaan diegene wat God loof in aanbidding en tog elders skadelik praat, en beveel die reiniging van spraak deur die week (Jakobus 3:9). Hy daag diegene uit wat oormatige praatjies of skadelike spraakgewoontes verskoon, en beklemtoon die behoefte aan dissipline en selfbeheersing in spraak (Jakobus 3:10-11).

Vir Jakobus is opregte geloof transformerend, wat nie net oortuigings beïnvloed nie, maar ook gedrag, insluitend spraakgewoontes (Jakobus 3:12). Hy verwag van Christene om goddelike genade te soek om heilsame spraak te kweek, en verwerp korrupte gewoontes soos skinderpraatjies, beledigings, bespotting en sarkasme binne kerkgemeenskappe (Jakobus 3:13).

Jakobus spreek die breër implikasies van spraak in kerklike omgewings aan, en waarsku teen woedende geskille en laster wat binne interne konflikte kan ontstaan (Jakobus 4:1-2, 11-12). Hy beklemtoon die belangrikheid van spraak wat eerder opbou as afbreek, wat 'n getransformeerde lewe weerspieël wat in lyn is met God se wil en gekenmerk word deur liefde en respek vir ander (Jakobus 3:13).

Jakobus se leringe roep gelowiges op om hul woorde in lyn te bring met hul geloof, met die erkenning dat ware kennis van God manifesteer in getransformeerde lewens en spraak wat Hom eer en ander opbou.

3:11 **Kom daar 'n fontein uit dieselfde opening, vars en soutwater? 3:12 Kan 'n vyeboom, my broers, olywe dra, of 'n wingerdstok vye? 'n Soutdam kan ook nie vars water lewer nie.**

Jakobus gebruik kragtige illustrasies om die inherente inkonsekwentheid van menslike spraak uit te lig (Jakobus 3:11-12), en trek parallelle met natuurlike verskynsels wat net een soort uitkoms lewer:

Lente of fontein : Net soos 'n fontein of fontein óf vars óf bitter water produseer, maar nie albei nie, kan die tong óf woorde produseer wat opbou óf woorde wat afbreek (Jakobus 3:11).

Vyeboom : Net so produseer 'n vyeboom natuurlik vrugte van sy eie soort—vye. Net so is die tong, beïnvloed deur die menslike natuur, geneig om woorde voort te bring wat die toestand van die hart en verstand weerspieël (Jakobus 3:12).

Jakobus beklemtoon die noodsaaklikheid om die tong te beheer as gevolg van sy klein dog invloedryke aard (Jak. 3:5). Hy beklemtoon die gevaar om die tong ongekontroleerd toe te laat om op te tree, en vergelyk die potensiaal daarvan met dié van 'n sataniese en aansteeklike mag wat verhoudings en gemeenskappe kan korrupteer (Jakobus 3:6-8). Daarom vra hy vir dissipline en reiniging van spraak, en erken die neiging daarvan om inkonsekwent en soms skadelik te wees (Jakobus 3:10-12).

In teenstelling met die oppervlakkige en skynheilige leringe van sommige godsdienstige leiers, spreek Jakobus die grondoorsake van menslike gedrag en die behoefte aan ware transformasie deur die heiligmakende invloed van die Heilige Gees aan (Jakobus 3:13). Hy moedig gelowiges aan om hul spraak in lyn te bring met hul geloof, wat 'n hart weerspieël wat vernuwe en gelei word deur God se wysheid en liefde.

Wysheid van Bo

3:13 Wie is wys en verstandig onder julle? Laat hom deur sy goeie gedrag sy werke in die sagmoedigheid van wysheid toon.

Jakobus vorder in sy bespreking oor menslike spraak deur wysheid te koppel aan die beheer van die tong, deur praktiese toepassings te beklemtoon wat met God se perspektief strook en vrede bevorder (Jakobus 3:13-18). Hy begin deur die kwalifikasies van 'n onderwyser uit te lig, en beklemtoon die belangrikheid van wysheid en begrip wat verkry word om die lewe deur God se lens te beskou (Jakobus 3:1).

Sentraal in Jakobus se leer is die konsep dat wysheid nie bloot in intellektuele bekwaamheid of verbale skerpte manifesteer nie, maar hoofsaaklik in 'n mens se optrede en gedrag (Jakobus 3:13). Hy maak gebruik van Ou-Testamentiese wysheidsliteratuur, wat daarop dui dat ware wysheid sigbaar is deur 'n persoon se gedrag en die nederigheid waarmee hulle aan goddelike gesag onderwerp (Jakobus 3:13).

Jakobus gebruik die Griekse woord " prauteti " (sagmoedigheid of sagmoedigheid) om die eienskap van 'n wyse persoon te illustreer - 'n eienskap wat vergelyk word met 'n geoefende perd onder 'n toom se beheer, wat krag simboliseer wat getemper word deur nederigheid en onderwerping aan die Heilige Gees (Jakobus 3:13).). Hierdie nederigheid weerspieël 'n doelbewuste keuse om 'n mens se verstand onder God se gesag te plaas, wat Hom toelaat om jou gedagtes en spraak te lei en te beheer (Jakobus 3:13; Matteus 11:27; 2 Korintiërs 10:1).

In teenstelling met die trotse en verdelende leringe van selfverklaarde leiers, beklemtoon Jakobus die belangrikheid van nederigheid en sagmoedigheid, veral vir diegene in onderwysrolle binne die kerk (Jakobus 3:14-16). Hy waarsku teen die slaggate van intellektuele trots, en moedig onderwysers en predikers aan om nederigheid en morele integriteit in hulle bediening te handhaaf (Jakobus 3:15-16).

Uiteindelik is Jakobus se konsep van wysheid diep gewortel in morele integriteit en praktiese geregtigheid, en beklemtoon die transformasie van die hart en verstand onder die leiding van God se wysheid eerder as blote intellektuele bekwaamheid of welsprekendheid (Jakobus 3:17-18). Hy moedig gelowiges aan, veral dié in leierskaprolle, om nederigheid en sagmoedigheid in hul spraak en gedrag uit te beeld, wat God se wysheid weerspieël en vrede binne die kerkgemeenskap bevorder (Jakobus 3:17-18).

3:14 Maar as julle bittere jaloesie en selfsugtige ambisie in julle harte het, moet julle nie roem nie en bedrieg met die waarheid.

Jakobus waarsku ten sterkste daarteen om toe te laat dat "bittere jaloesie en selfsugtige ambisie" in die hart van 'n onderwyser wortel skiet, aangesien hierdie motiverings tot skadelike spraak en dade lei (Jakobus 3:14). Hy beskryf "bittere afguns" as 'n skerp, skerp eienskap soortgelyk aan die bitter water uit 'n fontein, wat die bytende aard daarvan beklemtoon (Jakobus 3:14). Afguns (zelos) dui hier op 'n ywerige of jaloerse begeerte wat tot konflik en verdeeldheid binne die gemeenskap kan lei (Jakobus 3:16).

Die term "selfsoekend" (eritheia) beklemtoon verder 'n verdelende houding, wat dikwels vertaal word as "twis" of "faksiealisme", wat dui op 'n selfsugtige najaag van persoonlike belange ten koste van eenheid en waarheid (Jakobus 3:14). Hierdie gedrag, gedryf deur die sondige menslike natuur, bevorder 'n verdelende ingesteldheid van "ons teenoor hulle", in stryd met die gees van nederigheid en onbaatsugtigheid wat Christelike lering en leierskap moet kenmerk (Jakobus 3:16).

Jakobus verbind hierdie gesindhede met arrogansie en grootpratery (katakauchaomai), wat eiebelang bevorder eerder as die waarheid wat onderwysers opdrag het om te kommunikeer (Jakobus 3:14). Wanneer onderwysers voor hierdie versoekings swig, kan hulle valshede (pseudomai) verdraai of leer wat die evangelieboodskap en God se waarheid weerspreek (Jakobus 3:14).

Vir Jakobus is nederigheid noodsaaklik vir ware wysheid en effektiewe onderrig. Hy kritiseer diegene wat met wysheid spog sonder om nederig te lewe, en beweer dat sulke arrogansie onversoenbaar is met God se weë (Jakobus 3:14). Hierdie oproep tot nederigheid is universeel van toepassing, en daag beide Christene en nie-Christene uit om 'n ingesteldheid te aanvaar wat waarheid, eenheid en die welsyn van ander bo persoonlike agendas of selfsugtige ambisies prioritiseer (Jakobus 3:14).

Samevattend spoor Jakobus onderwysers en alle gelowiges aan om nederigheid aan te kweek, selfsugtige ambisies te verwerp en eenheid en waarheid in hul spraak en dade te bevorder, wat God se wysheid en liefde in hul lewens weerspieël.

3:15 Dit is nie die wysheid wat van bo af kom nie, maar is aards, ongeestelik, demonies.

Jakobus kritiseer 'n tipe "wysheid" wat gewortel is in jaloesie en selfsugtige ambisie, en beweer dat dit nie uit die vrees van die Here ontstaan nie (Jak. 3:15). In plaas daarvan strook hierdie soort wysheid met die aardse en natuurlike aspekte van die wêreld, sonder die bonatuurlike invloed van God se Gees (Jakobus 3:15). Jakobus gaan so ver as om dit as "demonies" te bestempel, en vergelyk dit met die misleidende, skynheilige en bose eienskappe wat met demoniese invloed geassosieer word (Jakobus 3:15).

Die onderskeid wat Jakobus maak, beklemtoon die kontras tussen wêreldse wysheid, wat persoonlike gewin en ambisie vooropstel, en ware wysheid wat spruit uit eerbied en gehoorsaamheid aan God (Jakobus 3:15). Hierdie wêreldse wysheid weerspieël die geestelike vyande van die mensdom – naamlik die wêreld (aards), die vlees (natuurlik) en die duiwel (demonies) – wat God se waarheid teëstaan en individue weglei van ware geloof en geregtigheid (Jakobus 3:15)..

James beklemtoon dat ware wysheid nie bloot akademies of intellektueel is nie; dit word gedemonstreer deur regverdige dade en aksies wat 'n lewe weerspieël wat deur God se waarheid verander is (Jakobus 3:16). Hy daag gelowiges uit om wysheid te soek wat wêreldse standaarde oortref, en eerder daarop te fokus om God se waarheid op elke aspek van die lewe toe te pas, en daardeur opregte geloof en gehoorsaamheid te beliggaam (Jakobus 3:16).

Jakobus se lering beklemtoon die belangrikheid daarvan om te onderskei tussen wêreldse wysheid gedryf deur selfsugtige ambisie en ware wysheid wat voortspruit uit 'n eerbiedige vrees vir die Here en in lyn is met Sy goddelike beginsels. Dit roep gelowiges op om wysheid na te streef wat tot geregtigheid lei en God se karakter daagliks weerspieël.

3:16 Want waar jaloesie en selfsugtige ambisie bestaan, daar sal wanorde en allerhande gemene praktyke wees.

Jakobus beklemtoon dat God, in sy aard en karakter, staan vir orde en vrede, nie wanorde of oproer nie (Jakobus 3:16; 1 Korintiërs 14:33). Dit staan in skerp kontras met die teenwoordigheid van "jaloesie en selfsugtige ambisie", wat Jakobus identifiseer as eienskappe wat nie strook met die wysheid wat deur God voorsien word nie (Jakobus 3:16).

Die term "versteuring" (Gr. akatastasia) dui op 'n toestand van verwarring, rumoer of onstabiliteit, wat teenstrydig is met God se natuur as die bron van orde en vrede, weerspieël in Sy skepping (Genesis 1) en Sy bestuur oor die heelal (1 Korinthiërs 14:33). God staan "elke bose ding" teë (1 Johannes 1:5), insluitend die verdelende en vernietigende invloede van jaloesie en selfsugtige ambisie (Jakobus 3:16).

Jakobus waarsku verder teen die nadelige impak van individue wat, ten spyte van hul intellektuele vernuf en welsprekendheid, onenigheid en twis binne gemeenskappe en kerke saai (Jakobus 3:16). Sulke gedrag , gedryf deur wêreldse wysheid wat gewortel is in eiebelang en trots, word beskryf as "duiwels" eerder as goddelik, wat meer in lyn is met die vernietigende bedoelings van Satan as met die verlossingswerk van God (Jakobus 3:16).

Jakobus beklemtoon dus die belangrikheid van onderskeidende wysheid wat eenheid, vrede en geregtigheid bevorder – eienskappe wat God se karakter weerspieël – en wysheid wat verdeeldheid, konflik en selfsugtige ambisie bevorder. Gelowiges word geroep om die wysheid na te streef en te beliggaam wat vloei uit 'n hart wat deur God se waarheid getransformeer is en gekenmerk word deur nederigheid, liefde en 'n toewyding aan God se voornemens (Jakobus 3:16).

3:17 Maar die wysheid van bo is rein, dan vredeliewend, sagmoedig, bedagsaam, vol barmhartigheid en goeie vrugte, onpartydig en opreg.

"Die wysheid van bo," soos beskryf deur Jakobus, beliggaam verskeie noodsaaklike kenmerke wat dit onderskei van wêreldse wysheid en die goddelike oorsprong daarvan weerspieël. Jakobus skets hierdie eienskappe om te illustreer hoe ware wysheid in lyn is met God se natuur en opregte geregtigheid en vrede binne gelowiges en gemeenskappe bevorder.

Eerstens is hierdie wysheid "suiwer" (Gr. hagnos), wat daarop dui dat dit vry is van morele besoedeling of onreinheid (Jakobus 3:17). Dit staan in skrille kontras met die selfsugtige ambisies en jaloesie wat wêreldse wysheid kenmerk (Jakobus 3:16).

Tweedens is die wysheid van bo "vredeliewend" (Gr. eirenikos); dit soek harmonie en eenheid eerder as om twis of verdeeldheid te veroorsaak (Jakobus 3:17). Dit strook met God se begeerte dat sy volk in vrede met mekaar moet lewe en versoening moet bevorder (Matteus 5:9).

Derdens is dit "sagmoedig" (Gr. epiekes), wat 'n bedagsame en vriendelike houding teenoor ander toon, en vermy hardheid of rigiditeit (Jakobus 3:17). Hierdie sagmoedigheid weerspieël die deernisvolle en geduldige aard van God self (Psalm 145:8).

Vierdens is hierdie wysheid "redelik" (Gr. eupeithes), wat dui op die openheid daarvan vir rede en bereidwilligheid om toe te gee aan wysheid en waarheid (Jakobus 3:17). Dit dring nie hardnekkig aan op sy eie manier nie, maar is nederig en leerbaar.

Vyfdens is dit "vol barmhartigheid" (Gr. eleos), wat aktief deernis en vergifnis teenoor ander op praktiese maniere toon (Jakobus 3:17). Dit weerspieël God se oorvloedige barmhartigheid teenoor die mensdom en moedig gelowiges aan om genade aan ander te bewys (Efesiërs 2:4).

Sesdens is dit "vol goeie vrugte" (Gr. karpos), wat dade van geregtigheid en dade van goedhartigheid voortbring wat ander bevoordeel (Jakobus 3:17). Dit beklemtoon die praktiese uitwerking van geloof en liefde in die lewens van gelowiges (Galasiërs 5:22-23).

Sewendeens is dit "onpartydig" (Gr. adiakritos), en is konsekwent en regverdig in sy behandeling van ander, sonder begunstiging of vooroordeel (Jakobus 3:17). Dit weerspieël God se geregtigheid en onpartydigheid in Sy handelinge met alle mense (Romeine 2:11).

Laastens is hierdie wysheid "sonder skynheiligheid" (Gr. anupokritos), eg en opreg in sy motiewe en optrede, deursigtig en getrou aan sy belydenis (Jakobus 3:17). Dit roep gelowiges op om outentiek en eerlik voor God en ander te lewe (1 Petrus 1:22).

Jakobus stel "die wysheid van bo" voor as 'n transformerende krag wat gelowiges se houdings, optrede en verhoudings vorm volgens God se goddelike standaarde van reinheid, vrede, deernis, regverdigheid en opregtheid. Dit kontrasteer die wêreld se selfgesentreerde, verdelende en skynheilige wysheid skerp en roep Christene op om God se wysheid in alle aspekte van die lewe na te streef en te beliggaam.

3:18 En 'n oes van geregtigheid word in vrede gesaai deur die wat vrede maak.

Jakobus beklemtoon die beduidende belangrikheid van spraak, veral vir diegene wat daartoe verbind is om God se Woord te versprei en vrede binne gemeenskappe te bevorder. Hy leer dat diegene wat daarop gemik is om geregtigheid aan te kweek, dit op vreedsame wyse moet doen, deur woorde en dade te vermy wat konflik of verdeeldheid uitlok (Jakobus 3:18).

Die term "geregtigheid" omvat hier alles wat reg en goed in God se oë is, met die klem op omvattende morele en etiese integriteit. Jakobus vermaan dat hierdie vrugbare geregtigheid nie kan floreer as dit gesaai word te midde van omstrede of opruiende spraak nie, wat parallelle trek met Paulus se leringe oor die hantering van meningsverskille binne die kerk (1 Timoteus 5:1-2; 2 Timoteus 2:14, 24-26).

"Die wysheid van bo," soos beskryf deur Jakobus, stel geregtigheid en vrede voorop, wat gelowiges lei om versoening en harmonie in hul interaksies na te streef (Jakobus 3:17). Hierdie wysheid bevorder 'n klimaat wat bevorderlik is om die "vrug" van geregtigheid voort te bring—'n oes wat gekenmerk word deur dade van goedheid en integriteit (Jakobus 3:18).

Jakobus beklemtoon dat aantreklike en opbouende toespraak uit 'n wyse en gekultiveerde gees spruit, wat die verband tussen bedagsaamheid en die vermoë om 'n mens se tong te beheer beklemtoon (Jakobus 3:13-18). Hy herinner gelowiges daaraan dat net God die tong kan tem en die wysheid kan gee om genadig en eerlik te praat.

Daarom raai Jakobus aan om versigtig te wees met die aanvaarding van onderwysrolle, en beklemtoon die verantwoordelikheid wat gepaard gaan met die swaai van woorde wat die krag het om op te bou of af te breek (Jak. 3:1). Hy beweer dat ware wysheid, gekenmerk deur nederigheid, genade en vrede, van God alleen afkomstig is en noodsaaklik is vir vrugbare bediening en ware Christelike lewe (Jakobus 3:17-18).

Jakobus se leringe in hierdie hoofstuk dien as 'n belangrike herinnering aan die beduidende impak van ons woorde en die noodsaaklikheid om ons spraak in lyn te bring met die wysheid van bo. Deur 'n gees van nederigheid te kweek en vrede na te streef, kan gelowiges God se roeping effektief vervul en die vrugbare oes van geregtigheid in hul lewens en gemeenskappe dra.

Hoofstuk 3 Opsomming

Hoofstuk 3 van die boek Jakobus spreek die tema van beheer van die tong en die wysheid wat van bo af kom aan. Hier is 'n gedetailleerde opsomming:

Die krag van die tong (Jakobus 3:1-5a) : Jakobus begin deur te waarsku teen die begeerte om leraars te wees, aangesien hulle strenger beoordeel sal word. Hy gebruik analogieë om die krag en potensiële skade van die tong te illustreer: 'n bietjie in 'n perd se bek beheer die hele perd, 'n klein roer stuur 'n groot skip, en 'n piepklein vonkie kan 'n bos aan die brand steek. Net so, hoewel klein, spog die tong met groot krag en moet dit noukeurig beheer word.

Die probleem van die ongetemde tong (Jakobus 3:5b-12) : Jakobus beklemtoon die paradoksale aard van die tong, wat kan seën en vloek, God loof en ander belaster. Hy kritiseer die inkonsekwentheid van die gebruik van die tong vir aanbidding en skadelike spraak. Hy vergelyk die tong met 'n fontein wat vars of bitter water produseer, en beklemtoon dat 'n suiwer fontein nie onsuiwer water kan voortbring nie.

Ware wysheid en sy kenmerke (Jakobus 3:13-18) : Jakobus kontrasteer aardse wysheid, gekenmerk deur jaloesie, selfsugtige ambisie en wanorde, met hemelse wysheid, wat manifesteer in reinheid, vredeliewende gesindhede, sagmoedigheid, redelikheid, barmhartigheid, goedheid vrugte, onpartydigheid en opregtheid. Hy verduidelik dat ware wysheid van bo tot 'n oes van geregtigheid lei en vrede in verhoudings en gemeenskappe bevorder.

Die Bron van Konflik (Jakobus 4:1-3) : Jakobus identifiseer die grondoorsaak van konflikte en geskille tussen gelowiges: selfsugtige begeertes en ongekontroleerde hartstogte wat lei tot afguns, begeerlikheid en rusies. Hy argumenteer dat hierdie konflikte ontstaan omdat mense nie God vra vir wat hulle nodig het nie of met verkeerde motiewe vra, en net probeer om hul eie plesier te bevredig.

Die oproep tot nederigheid en onderwerping (Jakobus 4:4-10) : Jakobus bestraf diegene wat vriende is met die wêreld, en waarsku hulle van die vyandskap tussen vriendskap met die wêreld en vriendskap met God. Hy roep om bekering, nederigheid en onderwerping aan God, en moedig gelowiges aan om naby Hom te kom sodat Hy hulle nader. Hy moedig opregte droefheid oor sonde en die reiniging van harte van dubbelhartigheid aan .

Waarskuwing teen arrogansie (Jakobus 4:11-17) : Jakobus vermaan om kwaad teen mekaar te praat en ander te oordeel, en beklemtoon dat net God die ware regter is. Hy waarsku oor grootpratery en arrogansie in die maak van planne sonder om God se soewereiniteit oor die toekoms te erken. Hy sluit af deur die behoefte aan nederigheid, vertroue op God se wil en die gehoorsaamheid wat uit geloof voortspruit, te bevestig.

Sleuteltemas :

- **Beheer van die tong** : Die hoofstuk beklemtoon die belangrikheid van die beheer van spraak en die gebruik van die tong vir opbou eerder as vernietiging.
- **Wysheid van Bo** : Jakobus kontrasteer aardse wysheid (selfsugtig en wanordelik) met hemelse wysheid (rein, vredeliewend en regverdig).
- **Konflik en nederigheid** : Jakobus spreek die grondoorsake van konflik binne die gemeenskap aan en roep op tot nederigheid, onderwerping aan God en bekering.
- **God se soewereiniteit en menslike verantwoordelikheid** : Jakobus beklemtoon die balans tussen die erkenning van God se soewereiniteit en die uitoefening van verantwoordelike rentmeesterskap van 'n mens se optrede en spraak.

Jakobus 3 dien as 'n betekenisvolle vermaning om wys te lewe, verantwoordelik te praat en vrede en geregtigheid in verhoudings te kweek, gelei deur die wysheid wat van God af kom.

Hoofstuk 3 Gebed

Hemelse Vader,

Ons kom voor U met harte wat deur U Woord verneder is. Jy het vir ons deur Jakobus die krag en potensiële skade van die tong gewys, en ons bely dat ons dikwels te kort skiet in die beheer van ons spraak. Vergewe ons, Here, want ons het ons woorde gebruik om ander skade aan te doen, te skinder, te spog of te praat sonder inagneming van U wysheid.

Skenk ons, o God, die wysheid van bo. Mag ons tonge instrumente van U vrede wees, deur woorde van bemoediging, vriendelikheid en waarheid te spreek. Help ons om ons woorde se krag in te span om ander op te bou en U naam te verheerlik. Leer ons om vinnig te luister, stadig om te praat en stadig om kwaad te word, wat U karakter in ons interaksies met ander weerspieël.

Vader, roei enige jaloesie, selfsugtige ambisie of trots uit wat in ons harte kan bly. Vervang dit met nederigheid en 'n opregte begeerte na geregtigheid. Help ons om vrede in ons verhoudings en gemeenskappe te soek, en streef daarna om saad van eenheid en begrip te saai.

Mag ons altyd onthou dat ons wysheid en begrip van U alleen kom. Lei ons in elke besluit en gesprek sodat ons U kan eer in alles wat ons sê en doen.

In Jesus se Naam bid ons, Amen.

Hoofstuk 3 Vrae

Wat beklemtoon Jakobus as 'n deurslaggewende aspek van Christelike volwassenheid in Hoofstuk 3?

Volgens James, hoekom moet 'n mens daarna streef om 'n onderwyser in die kerk te wees?

Watter illustrasies gebruik Jakobus om die krag van die tong te illustreer?

Watter analogie gebruik Jakobus om te beskryf hoe die tong beduidende gevolge kan veroorsaak?

Watter kontras trek Jakobus tussen die tong se vermoëns en sy potensiaal vir skade?

Watter soort wysheid is volgens Jakobus aards en demonies?

Wat is die kenmerke van wysheid van bo, soos beskryf deur Jakobus?

Hoe verbind Jakobus wysheid met vredemaking?

Wat waarsku Jakobus oor die gevare van onbeheerde spraak?

Watter geestelike beginsel beklemtoon Jakobus aangaande die tong se krag?

Hoe gebruik Jakobus analogieë uit die natuur om sy punte oor die tong te illustreer?

Waarom waarsku James daarteen om 'n onderwyser te wees?

Wat is volgens Jakobus sommige kenmerke van aardse wysheid?

Watter rol speel die tong in Jakobus se bespreking van geloof en optrede?

Hoe beskryf Jakobus die aard van die tong?

Watter raad gee Jakobus aan diegene wat daarna streef om onderwysers te wees?

Hoe verbind Jakobus wysheid met gedrag?

Wat is volgens Jakobus die vrugte van wysheid van bo?

Waarmee vergelyk Jakobus die tong met betrekking tot sy potensiaal vir skade en invloed?

Hoe hou Jakobus se onderrig oor die tong verband met breër temas van Christelike lewe?

Jakobus Hoofstuk 4:1-17

Waarskuwing teen wêreldsheid

In hierdie hoofstuk verskaf Jakobus leiding om vrede onder gelowiges te bevorder, en beklemtoon harmonie met God, ander en jouself. Hierdie tema sluit nou aan by vroeëre leringe in hoofstuk 1 (vgl. Jakobus 4:6 met 1:5, 21; 4:8b met 1:6-8, 15, 21, 27; 4:9-10 met 1:21) .

Jakobus 4 sit die bespreking oor konflik voort, en brei die fokus daarvan verder as die onderwysers wat in 3:14 genoem word om die hele gemeenskap in te sluit wat met soortgelyke kwessies worstel. Hy identifiseer dat konflikte ontstaan uit interne begeertes (verse 1-3) en vererger word deur wêreldse invloede. Jakobus beklemtoon die onmoontlikheid om die wêreld en God gelyktydig lief te hê (verse 4-6), en spoor Christene aan om die duiwel te weerstaan en nader aan God te kom (verse 7-10). Hierdie hoofstuk dien dus as 'n praktiese gids vir die navigasie van interpersoonlike konflikte binne die Christelike gemeenskap terwyl 'n mens se verhouding met God verdiep.

4:1 Wat veroorsaak twis, en wat veroorsaak gevegte onder julle? Is dit nie dit dat jou hartstogte in jou binneste oorlog voer nie?

Jakobus begin hierdie hoofstuk deur 'n praktiese kwessie aan te spreek waarmee sy lesers te kampe het: konflikte en rusies onder gelowiges. Nadat Jakobus voorheen die belangrikheid daarvan beklemtoon het om twis te vermy en vrede te bevorder (Jakobus 3:14-16, 13, 17-18), konfronteer Jakobus nou die realiteit van onenigheid binne die Christelike gemeenskap.

Jakobus verwys na interne geskille en verdeeldheid onder mede-Christene, nie eksterne oorloë nie. Die afwesigheid van sy gewone warm toespraak, "broers en susters" (gevind in 1:2; 2:1; 3:1) in hierdie afdeling kan die erns van die saak ter sprake wees (vers 13). Sommige geleerdes stel voor dat hierdie weglating herhaling kan vermy of die erns van die sondes wat bespreek is, kan uitlig, wat sommige laat spekuleer of Jakobus hierdie vermaning uitsluitlik op ongelowige Jode gerig het. Jakobus se konsekwente gebruik van "broers en susters" dwarsdeur die brief dui egter daarop dat hy mede-Christene in elke afdeling aanspreek.

Die skielike verskuiwing van die rustige prentjie van wysheid van bo (Jak. 3:17-18) na die skerp werklikheid van wêreldse konflik (Jak. 4:1-12) beklemtoon die dringende behoefte aan Jakobus se sterk teregwysing teen wêreldsgesindheid. Hierdie wêreldse gees het histories die kerk in verskeie subtiele vorme geteister. Jakobus omlyn hierdie manifestasies: selfsugtige twis onder gelowiges (4:1-12), vermetele selfgenoegsaamheid in sakebeplanning (4:13-17), onbehoorlike reaksies op onreg (5:1-11), en die misbruik van ede vir selfdienende doeleindes (5:12).

Kortom, Jakobus se vermanings in hierdie hoofstuk is 'n skerp herinnering aan die gevare van wêreldsgesindheid en die kritieke belangrikheid van die handhawing van vrede en eenheid binne die Christelike gemeenskap, gegrond op hemelse wysheid eerder as aardse begeertes.

James onderskei tussen "rusies" (Grieks: polemoi , oorloë) en "konflikte" (Grieks: machoi , gevegte) deur beide grootskaalse geskille tussen baie individue en kleiner spanning binne of tussen 'n paar mense aan te spreek. Hy identifiseer beide tipes konflik as skadelik vir vrede binne die gemeenskap. Die frase "onder julle" is 'n algemene vermaning wat op alle lesers gerig is, wat die universele aard van hierdie kwessies onder gelowiges beklemtoon.

James identifiseer "plesiertjies" as die hoofoorsaak van hierdie konflikte deur 'n retoriese vraag te gebruik. Hier verwys "plesiertjies" na vervulde begeertes, wat James vergelyk met 'n beleërende leër wat individue aanrand. Eerder as dat hierdie begeertes met mekaar binne 'n gelowige bots, beklemtoon Jakobus dat hulle gesamentlik die individu aanval. Dit staan in kontras met die algemene wanopvatting dat eksterne omstandighede hoofsaaklik konflikte veroorsaak; Jakobus herlei hul oorsprong na interne begeertes (vers 2).

Die strewe na persoonlike bevrediging is 'n deurdringende tema in die menslike kultuur, waar mense aansienlike tyd, geld en energie belê om hul begeertes te vervul (vgl. Lukas 8:14; Titus 3:3). Jakobus daag gelowiges uit om te bepaal of hulle hulpbronne hoofsaaklik daarop gerig is om selfsugtige begeertes te bevredig of om by God se begeertes te pas (Matt. 6:33a). Terwyl selfsugtige begeertes inherent aan die menslike natuur is en voortgaan om invloed uit te oefen, beweer James dat hulle nie ons lewens moet oorheers nie; eerder moet God se begeertes voorrang geniet.

In die hedendaagse samelewing is die verheerliking van selfbevrediging wydverspreid, selfs onder Christene. Jakobus se leer spoor gelowiges aan om God se begeertes bo selfsugtige strewes te prioritiseer, met die erkenning dat sulke interne belyning vrede en harmonie binne die Christelike gemeenskap bevorder.

4:2 Julle begeer en het nie, daarom moor julle. Jy begeer en kan nie verkry nie, so jy baklei en stry. Jy het nie omdat jy nie vra nie.

James beklemtoon die ernstige gevolge van ongekontroleerde begeerte, en let op dat die uiteindelike manifestasie van ongebreidelde wellus tot metaforiese "moord" kan lei. Hierdie konsep kan deur die geskiedenis gesien word, vanaf Kain se daad om Abel dood te maak (Genesis 4) tot die sondes van Dawid (2 Samuel 11) en Agab (1 Konings 21), en bly vandag relevant. Alhoewel James waarskynlik nie sy lesers van letterlike moord beskuldig het nie, gebruik hy hierdie uiterste voorbeeld om die vernietigende uitkomste van lewe uitsluitlik uit te lig om selfsugtige begeertes te vervul.

In die konteks van James se kragtige taal, soos "oorloë" en "gevegte", maak dit sin om "jy dood te maak" (phoneuete) as hiperbool vir intense haat. Hierdie interpretasie strook met soortgelyke leringe in Matteus 5:21-22 en 1 Johannes 3:15, wat haat met moord gelykstel. James stel dus voor dat onvervulde begeertes dikwels lei tot individuele konflikte en dispute.

Begeerlikheid en afguns, soos beskryf in Jakobus se teks, lei dikwels tot twis en onenigheid. Wanneer begeertes onbevredig bly, wend individue hulle dikwels tot argumente en gevegte. Hierdie siklus illustreer hoe om te begeer na wat ander het of om hul posisies te beny, ontevredenheid en verhoudingskonflik kweek.

Jakobus stel 'n oplossing voor: vra God vir wat nodig is eerder as om selfsugtig na te streef. Hy beklemtoon die belangrikheid van gebed om bevrediging en seëninge van God te verkry. Hierdie leer strook met ander Bybelse gedeeltes (bv. Lukas 11:5-13) wat gelowiges aanmoedig om God se voorsiening deur gebed te soek.

Jakobus beeld God uit as die uiteindelike bron van alle goeie dinge, en nooi gelowiges uit om Hom te nader in gebed vir hul behoeftes. Om dit te versuim, stel James voor, is soortgelyk aan die ignorering van 'n waardevolle skat sodra dit onthul is. Hy moedig dus sy lesers aan om aktief God se leiding en voorsiening deur gebed te soek, met die erkenning dat ware vervulling kom van die aanpassing van 'n mens se begeertes met God se wil.

4:3 Julle bid en ontvang nie, omdat julle verkeerd bid, om dit op julle hartstogte te spandeer.

Ons bid gewoonlik tot God met versoeke wat meer ooreenstem met ons selfsugtige begeertes as Sy wil. Jakobus beklemtoon hoe belangrik dit is om ons motiewe te ondersoek wanneer ons bid, en waarsku om nie vir dinge te vra bloot om persoonlike ambisies of plesier te vervul wat dalk nie met God se voornemens vir ons ooreenstem nie. In plaas daarvan moedig Jakobus gelowiges aan om by God 'n groter begeerte te soek na wat Hy belowe en beveel, en sodoende ons harte in lyn bring met Sy wil (vgl. Matteus 7:7-11).

Volgens Jakobus moet gebed nie gereduseer word tot 'n blote formule of ritueel waar die regte woorde sê of genoeg geloof versamel 'n gewenste uitkoms waarborg nie. So 'n benadering sal gebed reduseer tot 'n vorm van manipulasie of 'n manier om ons wil op God af te dwing, wat in stryd is met die Nuwe Testament se klem op gebed as 'n verhouding wat in vertroue gewortel is. Opregte gebed spruit uit 'n diep vertroue in God as ons Vader, wie se soewereine wil ons begeertes oortref .

In die konteks van Christelike bediening, daag Jakobus se leringe oor gebed ook gelowiges, veral predikante, uit om God se wil bo persoonlike voorkeure of die verwagtinge van ander te prioritiseer. Hy lewer kritiek op scenario's waar bedieningsaktiwiteite geregverdig kan word as "om prioriteite reg te kry". Tog kon hy eerder uit selfbevrediging as ware diens aan God en Sy mense voortspruit. Of jy jouself toewy aan aktiewe sorg vir siekes, intensiewe evangelisasie of uitsluitlik op preekvoorbereiding fokus, die sleutel lê daarin om te onderskei en in lyn te kom met God se leiding eerder as om persoonlike passies of ambisies te vervul.

Uiteindelik roep Jakobus gelowiges op om gebed te benader met 'n opregte begeerte om God se wil te soek, met die erkenning dat ware vervulling en doeltreffendheid in bediening kom van die aanpassing van ons begeertes met Sy goddelike doelwitte.

4:4 Julle owerspelige mense! Weet jy nie dat vriendskap met die wêreld vyandskap met God is nie? Daarom, wie 'n vriend van die wêreld wil wees, maak homself 'n vyand van God.

Jakobus se sentrale kwessie is om te kies tussen "God" lief te hê of "die wêreld" lief te hê. Die konsep van "die wêreld," in sy eenvoudigste vorm, verwys na die natuurlike omgewing wat elke persoon by geboorte binnegaan en by die dood verlaat. Dit omvat die sigbare, tydelike aspekte van die lewe wat ons sintuie waarneem, in teenstelling met die onsigbare en ewige werklikhede (vgl. 1 Joh. 2:15-17).

"Die wêreld", soos Jakobus dit beskryf, bevorder selfliefde en prioritiseer persoonlike plesier (Jakobus 4:3) bo God se begeertes. Deur in lyn te kom met hierdie wêreldse ingesteldheid, tree individue ontrou teenoor God op, soortgelyk aan ontroue geestelike bruide aan die Here. Sulke belyning met wêreldse waardes posisioneer 'n mens as 'n vyand van God, aangesien dit 'n doelbewuste keuse behels om wêreldse begeertes te volg eerder as God se wil (Matteus 6:24). Jakobus maak dit duidelik dat dit onmoontlik is om 'n vriendelike verhouding met God te handhaaf terwyl hy die wêreld se filosofie omhels.

Daarteenoor nooi God gelowiges uit om Hom by elke aspek van die lewe in te sluit omdat Hy inherent met alle bestaan verweef is . Buiten Hom kan niks werklik tot stand gebring word nie (Joh. 15:5). Daarom beklemtoon Jakobus dat diegene wat wêreldse sukses as hul primêre doel nastreef, nie gelyktydig 'n vriendskap met God kan handhaaf nie. Die najaag van wêreldse doelwitte lei dikwels individue weg van God se wil en teenwoordigheid, wat 'n geestelike ontkoppeling bevorder en ware intimiteit met Hom belemmer.

Jakobus moedig gelowiges aan om bewustelik te prioritiseer om God lief te hê en te gehoorsaam bo alles anders of om te swig voor wêreldse begeertes en waardes. Hierdie keuse vorm fundamenteel 'n mens se geestelike reis en verhouding met God, en bepaal of jy in ooreenstemming met Sy goddelike doel wandel of verder wegdryf in geestelike vervreemding.

4:5 Of dink jy dit is verniet dat die Skrif sê: Hy smag jaloers na die Gees wat Hy in ons laat woon het?

In Jakobus se diskoers ondersteun hy sy bewering vanaf vers 4 oor die geestelike gevolge van die liefde van die wêreld deur te sinspeel op skriftuurlike leringe oor God se jaloesie. In plaas daarvan om 'n spesifieke vers direk aan te haal, som Jakobus die breër skriftuurlike tema op wat gevind word in gedeeltes soos Eksodus 20:5; 34:14, Psalms 42:1; 84:2, en Sagaria 8:2, wat God se jaloesie vir sy volk se toewyding beklemtoon.

Die vertaling van Jakobus 4:5 is genuanseerd, maar word algemeen verstaan om die idee oor te dra dat "God jaloers smag na die gees wat Hy gemaak het om in ons te woon." Dit kan ook geparafraseer word as "Die Gees wat Hy in ons laat woon het, smag jaloers na die hele toewyding van die hart." Hierdie interpretasie strook goed met die voorafgaande konteks, waar Jakobus diegene wat die wêreld liefhet daarvan beskuldig dat hulle geestelike owerspel teen God pleeg (vers 4), en dit kontrasteer met God se Gees wat hartstogtelik heelhartige toewyding van Sy mense verlang.

Die Griekse frase pros phthonon , vertaal as "jaloers", dra afguns en ywer oor om iets kosbaars te bewaak. Die werkwoord epipothei beklemtoon verder intense verlange of verlange. Saam beeld hierdie uitdrukkings lewendig uit dat God se Gees vurig na die onverdeelde lojaliteit en geneentheid van gelowiges verlang, soortgelyk aan die beeldspraak wat in ander Nuwe-Testamentiese gedeeltes soos Romeine 8:11, 1 Korintiërs 3:16, Galasiërs 4:6, Efesiërs 4:30 gevind word. , en Johannes 7:39; 16:7.

In hierdie vers stel sommige interpretasies verkeerdelik voor dat ons menslike gees die onderwerp van jaloesie en verlange is. Tog is dit kontekstueel en grammatikaal duidelik dat Jakobus na God se Gees verwys.

Jakobus gebruik Ou-Testamentiese verwysings oor God se jaloesie om die erns van geestelike ontrouheid uit te lig. Gelowiges wat wêreldse begeertes bo God se wil prioritiseer, loop die risiko om hulself van Hom te vervreem, soos God deur sy Gees hartstogtelik begeer en hul volle toewyding verdien. Daarom daag Jakobus sy lesers uit om hul liefdes in lyn te bring met God se begeertes, en erken dat vriendskap met die wêreld vyandskap teenoor God en geestelike ontrouheid uitmaak.

4:6 Maar Hy gee meer genade. Daarom sê dit: "God staan die hoogmoediges teë, maar aan die nederiges gee Hy genade."

God stel 'n hoë standaard van heelhartige liefde en toewyding vir Sy mense, en verwag dat hulle Sy begeertes bo hul eie sal prioritiseer. Hierdie standaard word weerspieël in verskeie skrifture, insluitend Spreuke 3:34, waarna Jakobus in sy brief sinspeel. Die vers kontrasteer God se reaksie op die hoogmoediges, teen wie Hy teëstaan, met Sy guns teenoor die nederiges, aan wie Hy genade skenk.

Vir diegene wat selfsugtige plesier najaag en wêreldse begeertes prioritiseer, gekenmerk deur trots en selfgenoegsaamheid, staan God hulle optrede en gesindhede teë. Hierdie opposisie dui op Sy afkeuring en weerstand teen diegene wat nie in lyn is met Sy wil en beginsels nie.

Omgekeerd gee God oorvloedig genade aan die nederiges. In hierdie konteks behels nederigheid die erkenning van afhanklikheid van God en die prioritisering van Sy begeertes bo persoonlike ambisies en plesier. God se genade bemagtig die nederiges om die uitdagings wat deur interne versoekings (die vlees) en eksterne druk van die wêreld gestel word, te weerstaan.

Hierdie genade is nie bloot passief nie, maar aktief, en verskaf bystand , krag en geestelike hulpbronne om die lewe se uitdagings te navigeer op 'n wyse wat God eer. Dit stel gelowiges in staat om die aanloklikheid van selfsugtige begeertes te weerstaan en om volgens God se voornemens te lewe. Dus, terwyl God Sy standaard van heelhartige toewyding handhaaf, voorsien Hy ook die middele – deur Sy genade – vir Sy mense om daardie standaard te vervul, wat hulle in staat stel om in ooreenstemming met Sy wil te lewe en om Sy transformerende krag in hulle lewens te ervaar.

4:7 Onderwerp julle dan aan God. Weerstaan die duiwel, en hy sal van jou wegvlug.

Jakobus gee tien beslissende opdragte in verse 7 tot 10, met behulp van Griekse aoristum-imperatiewe wat soos militêre bevele lyk. Hierdie imperatiewe beklemtoon Jakobus se ernstige standpunt teen dubbelhartigheid onder gelowiges.

Eerstens gee Jakobus gelowiges opdrag om hulle in nederigheid aan God te "onderwerp". Hierdie onderwerping gaan verder as blote gehoorsaamheid; dit behels om ons prioriteite in lyn te bring met God s'n, om ons wil aan Syne oor te gee en onsself daartoe te verbind om Sy begeertes te vervul eerder as om selfsugtige ambisies na te streef.

Tweedens spoor Jakobus gelowiges aan om Satan kragtig te "weerstaan". As gevolg van die leringe van 1 Petrus 5:9, behels om Satan te weerstaan, om sy versoekings en planne standvastig teë te staan. Satan se primêre taktiek sluit in om twyfel, ontkenning, verontagsaming en ongehoorsaamheid teenoor God se Woord te veroorsaak, soos blyk uit sy interaksies met figure soos Eva en Jesus (vgl. Genesis 3; Matteus 4). Gelowiges kan die duiwel se invloed weerstaan deur hierdie versoekings onwrikbaar te verwerp.

Martin Luther het oor geestelike oorlogvoering nagedink en wyslik afgeraai om met die Duiwel te redeneer, en let op sy uitgebreide ervaring en listigheid. Luther se insig beklemtoon die belangrikheid daarvan om nie Satan se taktiek te onderskat nie, maar eerder op God se krag en wysheid staat te maak om sy planne te weerstaan.

Jakobus se opdragte beklemtoon die noodsaaklikheid vir gelowiges om beslissende optrede in hul geestelike lewens te neem: om hulle ten volle te onderwerp aan God se wil met nederigheid en standvastig weerstand te bied aan Satan se pogings om hulle te laat dwaal. Hierdie aktiewe houding verseker dat gelowiges 'n getroue en belynde verhouding met God handhaaf, bemagtig deur Sy genade om die uitdagings en konflikte wat in hul geestelike reis ontstaan, te navigeer.

4:8 Nader tot God, en Hy sal tot julle nader. Maak julle hande skoon, sondaars, en reinig julle harte, julle dubbelhartiges.

Jakobus beklemtoon nie net hoe belangrik dit is om Satan te weerstaan nie, maar ook om nader aan God te kom. Hierdie dubbele aksie is noodsaaklik vir gelowiges wat poog om hul verhouding met God te verdiep en geestelike reinheid te handhaaf.

Om tot God te nader, behels 'n doelbewuste benadering tot Hom. Jakobus gebruik die beeldspraak van "nader kom" om 'n hegte, intieme verhouding met God aan te dui. Jakobus verseker ons dat God wederkerig is deur nader aan ons te kom wanneer ons op hierdie manier tot God nader. Hierdie nabyheid met God weerspieël die verhouding wat die priesters in Israel gehad het toe hulle God in die Tabernakel of tempel genader het, wat die behoefte aan reinheid en heiligheid beklemtoon.

Om effektief nader aan God te kom, moet gelowiges 'n suiweringsproses ondergaan. Hierdie proses behels beide eksterne aksies ("reinig jou hande") en interne houdings ("suiwer jou harte"). "Om ons hande skoon te maak" simboliseer bekering en wegdraai van sondige gedrag, terwyl "om ons harte te reinig" behels die belydenis en aanspreek van die innerlike motiewe en begeertes wat verdeeld of onsuiwer kan wees.

Jakobus beklemtoon die belangrikheid van belydenis en bekering as sleutelelemente van hierdie reinigingsproses, wat die beginsels in 1 Johannes 1:9 weerspieël. Deur ons sondes te bely en daarvan te bekeer, verwyder ons die hindernisse wat ons verhouding met God verhinder en reinig ons ons harte van enige dubbelsinnigheid of verdeelde lojaliteit.

Uiteindelik roep Jakobus gelowiges op om doelgerigtheid te omhels – 'n unieke fokus op die lewe vir die eer van God alleen, eerder as om verskeur te word tussen die najaag van God se wil en die bevrediging van selfsugtige begeertes. Hierdie doelgerigtheid bring ons harte en optrede in lyn met God se begeertes, en bevorder 'n nouer en meer intieme verhouding met Hom soos ons nader kom in reinheid en toewyding.

4:9 Wees ellendig en treur en ween. Laat jou lag verander word in rou en jou vreugde in somberheid.

Jakobus se vermaning aan sy lesers, wat 'n kompromie aangegaan het met die wêreld en dubbelhartig was, was 'n oproep om hul verhouding met God te versoen. Hy het hulle aangespoor om hulle verdeelde lojaliteit te laat vaar en God se wil bo selfsugtige begeertes te prioritiseer.

Dit is belangrik om daarop te let dat Jakobus nie gepleit het vir 'n ewige toestand van ellende of konstante hartseer onder Christene nie. Hy het eerder daarop gewys dat ware bekering dikwels 'n sigbare verandering in uiterlike gedrag en gesindheid behels. Die uitdrukkings van "rou", "ween" en om "somber" te wees, is simbolies van opregte bekering, aangesien dit 'n diepe hartseer oor vorige sondes en 'n opregte wegdraai van 'n vorige lewenstyl wat deur kompromie en sonde gekenmerk word, weerspieël.

In Matteus 5:3-4 praat Jesus insgelyks van diegene wat "arm van gees" is en "treur", wat dui op 'n geestelike nederigheid en 'n opregte droefheid oor sonde. Hierdie gesindhede gaan nie oor ewigdurende hartseer nie, maar 'n hartlike erkenning van 'n mens se geestelike armoede en 'n diep begeerte na God se geregtigheid.

James se klem daarop om die lag en vreugde in die najaag van selfsugtige begeertes te laat vaar, beteken nie dat alle vreugde of geluk in die lewe verwerp word nie. Dit beklemtoon eerder die behoefte om geestelike integriteit en belyning met God se wil te prioritiseer bo kortstondige wêreldse plesier. Ware vreugde en vervulling kom van die lewe in harmonie met God en Sy voornemens, nie deur toe te gee aan selfsugtige strewes wat van Hom af weglei nie.

Daarom moedig Jakobus se oproep tot bekering en doelgerigte toewyding aan God gelowiges aan om blywende vreugde en vrede te vind in 'n hernieude verhouding met Hom, gekenmerk deur 'n opregte strewe na geregtigheid en 'n getransformeerde hart en verstand.

4:10 Verneder julle voor die Here, en Hy sal julle verhoog.

Jakobus sluit sy direkte advies af in verse 7-10 deur die sentrale tema van nederigheid voor God te herhaal. Hy spoor sy lesers aan om hulself in God se teenwoordigheid te verootmoedig deur Sy wil bo hul begeertes te prioritiseer. Hierdie daad van nederigheid bring onmiddellike seëninge en berei die verhoog vir God se voortgaande werk en uiteindelike verhoging.

Die beginsel van God wat die nederiges ophef, is 'n herhalende tema regdeur die Skrif. Jesus self het geleer dat diegene wat hulleself verootmoedig, verhewe sal word (Matteus 18:4; 23:12; Lukas 14:11; 18:14), en Petrus het hierdie lering in sy brief weergalm (1 Petrus 5:6). Nederigheid, in hierdie konteks, behels die erkenning van 'n mens se afhanklikheid van God, onderwerping aan Sy gesag, en om jou lewe in lyn te bring met Sy doelwitte.

Ralph Bell se reis illustreer nederigheid se transformerende krag en God se genade. Met diskriminasie en rassebeledigings in die gesig gestaar het Bell diep gesukkel. Hy het egter tot sy geloof gewend en raad by sy ma gevra, wat hom aangemoedig het om sy oë op Jesus te vestig. Deur homself voor God te verootmoedig, het Bell die krag en genade gevind om diegene wat hom mishandel het te vergewe en gevoelens van haat te oorkom.

Bell se ervaring is 'n voorbeeld van James se onderrig in praktiese terme. Bell het innerlike vrede en genesing gevind deur homself te verootmoedig en op God se genade staat te maak. Hy het ook die vermoë gekry om sy vyande lief te hê – 'n bonatuurlike daad wat moontlik gemaak is deur God se transformerende werk in sy hart.

Jakobus se oproep tot nederigheid is om op God se wysheid en soewereiniteit te vertrou, wetende dat Hy diegene beloon wat Hom soek met 'n opregte en nederige hart. Deur nederigheid vind gelowiges krag, genade en die vermoë om God se liefde en voornemens in 'n gebroke wêreld uit te leef.

4:11 Moenie mekaar kwaad spreek nie, broers. Die een wat teen 'n broer praat of sy broer oordeel, praat kwaad teen die wet en oordeel die wet. Maar as jy die wet oordeel, is jy nie 'n dader van die wet nie, maar 'n regter.

Jakobus spreek nog 'n kritieke aspek van interpersoonlike konflik en etiese gedrag onder gelowiges en alle mense aan. Hy beklemtoon die gevaar om ander te kritiseer, en beklemtoon hoe sulke gedrag nie net selfsug weerspieël nie, maar ook die kritikus in 'n posisie van oordeel oor ander plaas, strydig met God se wet.

In Jakobus 4:11 verwys die term "kwaad praat" of "teen praat" (Gr. katalaleo) na om neerhalend te praat of 'n ander persoon, veral 'n ander Christen, te belaster. Deur betrokke te raak by kritiek, beweer 'n persoon implisiet hul eie meerderwaardigheid of korrektheid bo die een wat hulle kritiseer, en neem effektief die rol van 'n regter op. Hierdie handeling weerspreek God se gebod om oordeel oor ander te vel (vgl. Levitikus 19:15-18; Matteus 7:1).

Jakobus verbind hierdie gedrag aan 'n breër etiese beginsel wat in God se wet gegrond is. Wanneer individue ander kritiseer, skend hulle beginsels van wedersydse respek en nederigheid en ondermyn hulle die gesag van God, wat alleen die reg het om te oordeel. In plaas daarvan om jouself te verhef, pleit Jakobus vir wedersydse onderwerping en respek onder gelowiges (bv. Galasiërs 5:13; Efesiërs 5:21; Filippense 2:3), wat eenheid bevorder en Christus-agtige nederigheid weerspieël.

Die implikasies van Jakobus se leer strek verder as interpersoonlike verhoudings binne die kerkgemeenskap ("mekaar") om alle menslike interaksies te omvat ("jou naaste," v. 12). Sy vermaning beklemtoon die belangrikheid daarvan om God se gesag in ons gedrag teenoor ander te respekteer, om sodoende harmonie te behou en die beginsels van geregtigheid wat in God se wet gewortel is, te handhaaf.

In die hedendaagse samelewing, waar kritiek en veroordelende houdings algemeen voorkom, bly James se boodskap relevant. Dit roep individue op om hul motiverings en optrede te ondersoek en hulle aan te spoor om in lyn te kom met God se standaarde van liefde, nederigheid en respek vir ander, wat uiteindelik eerbied vir God se gesag weerspieël en gesonde samelewingsverhoudings bevorder.

4:12 Daar is net een wetgewer en regter wat kan red en vernietig. Maar wie is jy om jou naaste te oordeel?

Jakobus beklemtoon die belangrikheid daarvan om van veroordelende kritiek teenoor ander te weerhou, en beklemtoon dat die uiteindelike gesag vir oordeel uitsluitlik aan God, die enigste Wetgewer en Regter, behoort. Terwyl menslike regerings, kerkleiers en ouers gedelegeerde gesag het om sekere optrede of gedrag binne hul onderskeie domeine te beoordeel, waarsku Jakobus daarteen om goddelike gesag toe te neem deur veroordelende oordeel oor ander te vel.

In Jakobus 4:11-12 beklemtoon hy dat om te kritiseer of teen medegelowiges te praat sonder goddelike magtiging onvanpas en teenproduktief is. James pleit vir nederigheid en wedersydse respek eerder as om die rol van 'n regter oor ander te aanvaar. Christene, gelei deur die Gees, moet poog om diegene wat struikel te herstel en te ondersteun, volgens die beginsel van liefde en versoening (Galasiërs 6:1).

Kritiek op ander is 'n algemene menslike neiging. Tog herinner Jakobus gelowiges aan hulle aanspreeklikheid teenoor God, wie alleen die uiteindelike reg het om te oordeel. Hierdie perspektief strook met leringe elders in die Skrif (Romeine 14:1-13), wat wedersydse aanspreeklikheid en nederigheid voor God beklemtoon. Om na God te verwys as die uiteindelike Regter in Jakobus se lering, herinner ons daaraan dat ons optrede teenoor ander respek vir hulle waardigheid en ons behoefte aan genade moet weerspieël.

Jakobus se waarskuwingsboodskap sluit nie opbouende kritiek of regstelling in 'n gees van liefde en herstel uit nie. Dit waarsku eerder teen die arrogansie om finale oordeel oor ander te vel, wat uitsluitlik aan God behoort. Uiteindelik is die beginsel nie om te veroordeel nie, maar om versoening en groei binne die gemeenskap van gelowiges te soek, met die erkenning dat ons almal op gelyke grond voor God se regterstoel staan (Matteus 7:2). Jakobus moedig dus 'n gees van nederigheid en genade in ons interaksies aan, wat die liefde en barmhartigheid van ons hemelse Vader weerspieël.

Spog met Môre

Jakobus gaan voort met sy brief deur 'n praktiese probleem aan te spreek wat in selfgesentreerdheid gewortel is en die implikasies daarvan vir die daaglikse lewe te verbreed. Nadat hy reeds selfgesentreerdheid geïdentifiseer het as die bron van interpersoonlike en innerlike konflikte en gewaarsku teen die onvanpaste oordeel van ander, illustreer James nou die aard van 'n selfgesentreerde lewe. Hy beoog om sy lesers te help om die onderliggende wortel van hierdie kwessie duidelik te herken.

In Jakobus 4:13-17 begin hy met 'n voorbeeld van grootpraterige beplanning en ambisie, en veroordeel die arrogansie wat inherent is aan sulke selfversekerde uitsprake (v. 13-14). Jakobus verskaf dan praktiese leiding oor die benadering van beplanning en ambisie op 'n manier wat in lyn is met God se wil (v. 15-17).

Hierdie gedeelte van Jakobus se brief dien nie net om spesifieke gedrag aan te spreek soos om oor toekomsplanne te spog nie , maar ook om 'n breër beginsel uit te lig: om te leef met 'n bewustheid van God se soewereiniteit en om 'n mens se planne aan Sy leiding te onderwerp. Jakobus moedig nederigheid en afhanklikheid van God aan in alle aspekte van die lewe deur die dwaasheid van aanmatiging oor die toekoms uit te lig sonder om God se wil in ag te neem.

James gaan dus oor van die aanspreek van konflikte wat voortspruit uit selfgesentreerde houdings na die verskaffing van praktiese wysheid oor die benadering van die lewe se onsekerhede met 'n nederige erkenning van God se gesag en leiding. Hierdie verskuiwing beklemtoon James se pastorale besorgdheid om sy lesers toe te rus met praktiese wysheid wat gewortel is in geloof en nederigheid, wat uiteindelik hul fokus rig op 'n lewe wat God eer eerder as die self.

4:13 Kom nou, julle wat sê: Vandag of môre sal ons na daardie en daardie stad gaan en daar 'n jaar lank deurbring en handel dryf en wins maak.

Jakobus, soortgelyk aan die Ou-Testamentiese profete, neem 'n konfronterende toon aan terwyl hy sy gehoor toespreek. Hy begin deur hulle op te roep met die frase "Kom nou," 'n retoriese middel wat herinner aan die profete se oproepe tot aandag (vgl. Jesaja 1:18 en ander profetiese tekste). In Jakobus 4:13-17 skets hy 'n aanskoulike prentjie, waarskynlik uit die kulturele konteks van sy tyd, om 'n scenario te illustreer wat 'n reisende Joodse handelaar behels, 'n figuur wat symbool is van middelklas-voorspoed in die antieke Joodse samelewing.

Gedurende James se era was Joodse handelaars algemeen, en dit is aanneemlik dat sommige in sy gehoor Christen-Jode was wat betrokke was by sulke kommersiële strewes. Die planne van die individu in Jakobus se illustrasie, wat sakeondernemings en toekomstige reise behels, is nie inherent sondig of deur James veroordeel nie. In plaas daarvan kritiseer James die onderliggende houding van selfversekerdheid en aanmatiging wat dikwels met sulke beplanning gepaardgaan.

James se kritiek slaan nie die beplanning self aan nie. Tog daag dit die onderliggende motiewe en ingesteldheid uit wat sulke vooruitskouende pogings kan vergesel. Die handelaar se grootpraterige vertroue oor toekomstige besigheidsukses en sy vermoede oor die sekerheid om sy planne te bereik sonder om God se soewereiniteit te erken, is die fokuspunte van Jakobus se vermaning.

Jakobus gebruik hierdie illustrasie nie om sakebeplanning of ambisie aan die kaak te stel nie, maar om te waarsku teen die arrogansie van selfgenoegsaamheid en die verwaarlosing van God se voorsienende rol in 'n mens se lewe. Hy beoog om nederigheid aan te moedig en God se soewereiniteit behoorlik te erken in alle aspekte van die lewe, insluitend toekomsplanne en ambisies. Jakobus gebruik dus hierdie narratief om die behoefte aan 'n gebalanseerde benadering uit te lig wat vertroue op God se leiding en onderwerping aan Sy wil insluit in alle pogings.

4:14 **maar julle weet nie wat môre sal bring nie. Wat is jou lewe? Want jy is 'n mis wat kortstondig verskyn en dan verdwyn.**

Jakobus beklemtoon 'n kritiese toesig in die handelaar se benadering: sy versuim om die onvoorspelbaarheid van die lewe in ag te neem en sy volledige afhanklikheid van God se voorsienigheid. Hierdie tema resoneer met Jesus se leringe, soos in Lukas 12:18-20, waar 'n ryk man se planne gedwarsboom word deur sy skielike dood en verwaarlosing van ewige prioriteite. Net so beklemtoon Johannes 15:5 gelowiges se behoefte om in Christus te bly, en erken hulle afhanklikheid van Hom vir alle aspekte van die lewe.

Om na te dink oor die sekerheid van Christus se wederkoms, soos dit regdeur die Skrif geleer word, bied 'n beduidende perspektiefverskuiwing. Die afwagting van Christus se wederkoms behoort 'n groot invloed te hê op hoe Christene in die hede leef. Dit dien as 'n herinnering om ewige waardes te prioritiseer bo tydelike prestasies en om 'n mens se planne en ambisies in lyn te bring met God se wil.

Die vraag wat gestel word – hoeveel vorm die kennis van Christus se naderende wederkoms 'n mens se lewe – is deurslaggewend. Dit daag gelowiges uit om die beperkte perspektief van huidige omstandighede en vorige ervarings te transendeer. In plaas daarvan word Christene geroep om gemotiveer te word deur die sekerheid van Christus se wederkoms, om 'n lewenstyl te bevorder wat gekenmerk word deur getrouheid, paraatheid en 'n diepgewortelde vertroue in God se soewereine plan.

Jakobus se illustrasie van die handelaar beklemtoon die behoefte aan 'n geestelike uitkyk wat nederigheid, afhanklikheid van God en 'n vooruitskouende perspektief insluit wat gevorm word deur die waarheid van Christus se naderende wederkoms. Hierdie perspektief waak teen selfstandigheid en arrogansie en bevorder 'n lewe wat God in alle aspekte eer, insluitend 'n mens se planne en aspirasies.

4:15 **In plaas daarvan moet jy sê: As die Here wil, sal ons lewe en dit of dat doen.**

Die handelaar in Jakobus se illustrasie moes sy beplanning benader het met 'n bewuste afhanklikheid van God, met erkenning van Sy soewereine beheer oor alle aspekte van die lewe. Hierdie beginsel word deur die hele Nuwe Testament geëggo, waar verskeie gedeeltes die belangrikheid beklemtoon om 'n mens se planne in lyn te bring met die wil van God.

Die Latynse frase "deo volente," wat "As God wil" beteken en dikwels afgekort word as DV, weerspieël hierdie Bybelse beginsel en word vandag nog deur sommige Christene gebruik. Dit dien as 'n herinnering aan die noodsaaklikheid om alle toekomsplanne aan God se soewereiniteit te onderwerp. Terwyl die Nuwe Testament nie die meganiese herhaling van "as die Here wil" met elke verklaring van toekomsplanne vereis nie, gee die apostel Paulus 'n voorbeeld van die gees agter hierdie frase in sy lewe en bediening.

Paulus stel byvoorbeeld uitdruklik sy voorneme om na Jerusalem terug te keer "as die Here wil" in Handelinge 18:21 en 1 Korintiërs 4:19. In hierdie gevalle erken hy doelbewus God se soewereiniteit oor sy toekomstige pogings. Selfs in gedeeltes waar Paulus nie hierdie frase uitdruklik gebruik nie, soos Handelinge 19:21, Romeine 15:28, of 1 Korintiërs 16:5, 8, openbaar sy algehele praktyk 'n konsekwente verbintenis om sy planne met God se wil in lyn te bring.

Daarom dien "deo volente" nie bloot as 'n linguistiese konvensie nie, maar as 'n geestelike dissipline, wat gelowiges herinner om die lewe se planne nederig te benader, God se leiding te soek en te onderwerp aan Sy soewereine doel. Hierdie ingesteldheid verseker dat ons aspirasies en optrede gegrond is in 'n geloofsvervulde vertroue op God se wysheid en voorsienigheid eerder as menslike aanmatiging of selfvertroue.

4:16 **Soos dit is, roem jy in jou hoogmoed. Al sulke grootpratery is boos.**

James het diegene onder sy lesers wat 'n God-verwaarloosende houding aangeneem het, streng bestraf, veral diegene wat vreugde geput het uit die illusie om hul lot te beheer. Hy het 'n lewendige prentjie geskets van individue wat in hul arrogansie spog, en krediet neem vir prestasies wat uiteindelik voortspruit uit God se voorsienigheid en genade. Sulke grootpratery, het James aangevoer, is nie net onrealisties nie, maar ook diep problematies – dit weerspieël 'n houding wat menslike prestasie bo God se soewereiniteit plaas, en dit dus as "boos" kategoriseer.

In hierdie verse het Jakobus vier dwingende argumente vaardig aangebied om die dwaasheid van die ignorering van God se wil te illustreer:

Kompleksiteit van die lewe : Jakobus het die lewe se ingewikkelde en onderling verbonden aard uitgelig (v. 13). Die kompleksiteite van menslike bestaan, verweef met goddelike doeleindes en intervensies, weerstaan simplistiese idees van selfgenoegsaamheid.

Lewensonsekerheid : Hy het die onvoorspelbaarheid van die lewe se uitkomste onderstreep (v. 14a). Ten spyte van noukeurige beplanning en oënskynlike beheer, kan omstandighede vinnig verander, wat die beperkings van menslike vooruitsig en beheer openbaar.

Die kortheid van die lewe : Jakobus het die vlugtige aard van die menslike bestaan beklemtoon (v. 14b). Die kortheid van die lewe is 'n skerp herinnering aan ons tydelike aard en die behoefte aan 'n perspektief wat God se ewige planne en voornemens erken.

Swakheid van die mens : Laastens het Jakobus gewys op die inherente broosheid van die mensdom (v. 16). Mense is onderworpe aan swakhede, kwesbaarhede en sterflikheid, wat ons voortdurende afhanklikheid van God se onderhoudende genade en voorsienigheid onderstreep.

Deur hierdie argumente het James sy lesers uitgedaag om die illusie van selfgenoegsaamheid te konfronteer en om die wysheid te erken in nederige erkenning van God se soewereine rol in hul lewens. Deur menslike prestasie bo goddelike voorsienigheid te verhef, het Jakobus beweer dat individue nie net hulself mislei nie, maar ook die regmatige plek van God as die uiteindelike bron van alle seëninge en uitkomste oneer aandoen. Hy het dus sy gehoor aangespoor om nederigheid en afhanklikheid van God te omhels, Sy oppergesag te erken en Sy wil in alle aspekte van die lewe te soek.

4:17 **So elkeen wat weet wat die regte ding is om te doen en versuim om dit te doen, is vir hom 'n sonde.**

Jakobus beeld lewendig 'n scenario uit waar 'n persoon 'n "sonde" van weglating pleeg deur te weet wat die regte ding is om te doen – erken afhanklikheid van die Here – maar versuim om daarvolgens op te tree (vgl. Lukas 16:19-31).

Hierdie sonde van weglating, volgens Jakobus, is nie bloot die verwaarlosing van enige handeling nie, maar spesifiek die versuim om God se soewereine plek in 'n mens se lewe te erken en te eer (v. 15). Die persoon wat in Jakobus se illustrasie uitgebeeld word, vertoon onafhanklikheid en selfgenoegsaamheid, en verontagsaam die inherente waarheid dat God die hoogste oor alle dinge is – 'n waarheid waarvan selfs die natuurlike skeppingsorde getuig (vgl. Joh. 9:41; Rom. 1:19). -20).

Terwyl James sy bespreking oor konflikte en die geestelike postuur wat nodig is om hulle te navigeer afsluit, spoor hy sy lesers aan om hul kennis in aksie te vertaal. Hy waarsku teen aanmatiging en selfvertroue, en dring eerder aan op 'n nederige onderwerping aan God. Versuim om God se soewereiniteit te erken en om volgens hierdie waarheid op te tree, stel sonde volgens Jakobus se siening uit.

Jakobus se slotuitspraak in vers 17, wat dikwels as 'n spreekwoordelike stelling omskryf word, omsluit die kern van sy hele brief. Dit beklemtoon dat die verantwoordelikheid om met God se wil in lyn te kom nie net gaan oor die vermyding van ooglopende foute nie, maar ook om aktief te doen wat reg is. Hierdie vers dien as 'n aangrypende herinnering dat sondes van weglating, waar 'n mens nie daarin slaag om hul geloof uit te leef en God se heerskappy te erken nie, net so betekenisvol en ernstig is soos sondes van opdrag.

Jakobus dwing sy lesers om met 'n skerp bewustheid van God se gesag te leef en om hierdie begrip deur gehoorsame optrede te demonstreer. Die vermaning in vers 17 resoneer dus as 'n universele beginsel wat van toepassing is op alle aspekte van die Christelike lewe, soos deur sy sendbrief uiteengesit.

Hoofstuk 4 Opsomming

Hoofstuk 4 van die boek Jakobus spreek vroeë Christene se sleuteltemas en uitdagings aan, en verskaf praktiese leiding om getrou te lewe in die lig van God se soewereiniteit en die realiteite van menslike konflikte.

Opsomming van Jakobus Hoofstuk 4:

Oorsake van konflik (Verse 1-3): Jakobus begin deur die hoofoorsaak van konflikte en rusies tussen gelowiges te identifiseer: selfsugtige begeertes. Hy skryf hierdie konflikte toe aan ongekontroleerde passies en plesier wat mense daartoe lei om te begeer en daarna te streef na wat hulle nie het nie. Hy beklemtoon dat hierdie begeertes dikwels onvervuld bly omdat mense met verkeerde motiewe vra – om eerder hul eie plesier te bevredig as om God se wil te soek.

Vriendskap met die wêreld (Verse 4-6): Jakobus waarsku teen vriendskap met die wêreld, wat hy as vyandskap met God beskryf. Hy beklemtoon die erns daarvan om jouself in lyn te bring met wêreldse waardes en begeertes, wat in stryd is met die toewyding en lojaliteit wat God van Sy volgelinge verwag. Jakobus haal die Skrif aan om God se jaloesie te beklemtoon vir die gees wat Hy in gelowiges geplaas het, en spoor hulle aan om die aanloklikheid van wêreldse plesier te weerstaan en eerder nader aan God in nederigheid en bekering.

Nederigheid en onderdanigheid (Verse 7-10): Jakobus spoor sy lesers aan om hulle aan God te onderwerp en die duiwel te weerstaan. Hy gebruik sterk imperatiewe en vergelyk die Christelike lewe met 'n geestelike stryd waar gelowiges aktief die bose moet teëstaan en nader aan God moet kom. Jakobus belowe dat diegene wat hulleself voor God verootmoedig, Sy genade en verhoging sal ontvang, in teenstelling hiermee met die lot van hoogmoediges.

Vermy om ander te oordeel (Verse 11-12): Jakobus waarsku daarteen om kwaad te praat of mekaar te oordeel. Hy beklemtoon dat sulke gedrag God se rol as die uiteindelike Regter en Wetgewer toe-eien. In plaas daarvan moedig hy wedersydse respek en onderdanigheid onder gelowiges aan, en weerspieël Jesus se leringe om nie ander hard te oordeel nie, maar om barmhartigheid en genade te betoon.

Waarskuwing teen grootpratery en selfstandigheid (Verse 13-17): Jakobus lewer kritiek op diegene wat spog oor hul planne en prestasies sonder om God se soewereiniteit oor hul lewens te erken. Hy illustreer die dwaasheid om die toekoms te veronderstel sonder om die lewe se onsekerhede en God se uiteindelike beheer te erken. Jakobus vra vir 'n ingesteldheid wat afhanklikheid van God se wil insluit, deur die Latynse frase "deo volente" (wat God wil) te gebruik om die belangrikheid daarvan uit te lig om God se gesag in alle planne en aksies te erken.

Die hoofstuk word afgesluit met 'n treffende stelling in vers 17: "Wie dus weet wat die regte ding is om te doen en versuim om dit te doen, vir hom is dit sonde." Dit omsluit Jakobus se oorkoepelende tema van praktiese geloof – om God se wil te ken en dit aktief te gehoorsaam. Die hoofstuk dien as 'n oproep tot opregte nederigheid, onderwerping aan God, vermyding van wêreldse aanloklikhede en getroue lewe wat God se soewereiniteit in alle aspekte van die lewe erken.

Jakobus Hoofstuk 4 spreek die geestelike uitdagings van konflikte, trots en wêreldse gesindhede aan, en moedig gelowiges aan om aan God se wil te onderwerp, die wêreld se versoekings te weerstaan en ander met respek en liefde te behandel. Dit beklemtoon die behoefte aan 'n geloof wat nie bloot teoreties is nie, maar aktief 'n mens se gedrag en verhoudings vorm.

Hoofstuk 4 Gebed

Genadige God,

Ons kom nederig voor U en erken ons afhanklikheid van U wysheid en genade. U Woord het ons die gevare van wêreldse begeertes gewys en die belangrikheid daarvan om onsself ten volle aan U wil te onderwerp. Vergewe ons, Here, vir die kere wat ons ons eie plesier en ambisies nagejaag het en U leiding en opdragte verwaarloos het.

Help ons om die versoekings van hierdie wêreld te weerstaan wat ons op 'n dwaalspoor lei. Versterk ons vasberadenheid om nader aan U te kom, met die wete dat wanneer ons onsself verneder, U ons betyds sal ophef. Mag ons altyd U koninkryk soek en ons begeertes in lyn bring met U wil.

Bewaar ons harte, o Here, van trots en veroordelende gesindhede. Leer ons om ander met liefde en respek te behandel, en vermy skinderpraatjies en kritiek. Laat ons woorde en dade U genade en barmhartigheid weerspieël, met die wete dat U alleen die regverdige Regter is.

Gee ons die wysheid om die bondigheid en onsekerheid van die lewe te erken en die nederigheid om op U soewereine beheer oor alle dinge te vertrou. Mag ons elke dag leef met 'n bewustheid van U teenwoordigheid en 'n verbintenis om U leiding te volg.

Terwyl ons vir die toekoms beplan , kan ons altyd sê: "As dit U wil is, sal ons lewe en dit of dat doen" (Jakobus 4:15). Lei ons in ons besluite, sodat dit eer kan bring aan U Naam en U koninkryk op aarde kan bevorder.

In Jesus se Naam bid ons,

Amen.

Hoofstuk 4 Vrae

Wat veroorsaak konflikte en rusies onder mense, volgens Jakobus 4?

Hoe beskryf Jakobus diegene wat vriende is met die wêreld?

Wat gee God volgens Jakobus aan die nederiges?

Wat bedoel Jakobus met "reinig julle harte"?

Waarteen waarsku Jakobus in vers 11 oor om teen ander te praat?

Hoe illustreer Jakobus die dwaasheid om oor toekomsplanne te spog sonder om God se soewereiniteit te erken?

Wat sê Jakobus oor die sonde van weglating in hoofstuk 4?

Hoe sluit Jakobus sy argument oor onderwerping aan God af?

Watter spreekwoordelike stelling gebruik Jakobus om hoofstuk 4 af te sluit?

Hoe beskryf Jakobus die regte houding wat Christene moet hê teenoor God se wil?

Wat spoor James sy lesers aan om te doen in plaas daarvan om mekaar te oordeel?

Volgens Jakobus, waarom word spog oor toekomsplanne sonder om God se soewereiniteit te erken as boos beskou?

Watter rol speel nederigheid in Jakobus se leringe in hoofstuk 4?

Hoe beskryf Jakobus die gevolge van vriendskap met die wêreld?

Wat leer Jakobus oor die belangrikheid daarvan om aan God se wil te onderwerp?

Waarom beklemtoon Jakobus die bondigheid en onsekerheid van die lewe?

Hoe illustreer Jakobus die verhouding tussen nederigheid en die ontvangs van genade?

Wat bedoel Jakobus met "suiwer julle harte"?

Hoe gebruik Jakobus Ou-Testamentiese verwysings om sy leringe oor nederigheid en onderdanigheid aan God te ondersteun?

Watter praktiese raad gee Jakobus vir die lewe volgens God se wil in hoofstuk 4?

Jakobus Hoofstuk 5:1-20

Waarskuwing aan die rykes

Jakobus spreek 'n deurslaggewende kwessie met betrekking tot rykdom in sy brief aan, en beklemtoon die potensiële gevare en gevolge daarvan, terwyl gepaste optrede aangespoor word. Hierdie tema word dwarsdeur sy brief geweef, met veelvuldige verwysings na die rykes en die armes (1:9-11; 2:1-12). Hoofstukke 4 en 5 beklemtoon sy besorgdheid, veral in gedeeltes wat die rykes aanspreek (4:13-17; 5:1-6).

James se gebalanseerde skryfstyl is duidelik wanneer hy sy vermanings (2:1-5:6) met besprekings oor rykdom begin en eindig. Hierdie struktuur weerspieël 'n chiastiese patroon, 'n literêre tegniek waar idees rondom 'n sentrale punt weerspieël word. Ronald Blue beklemtoon drie hoofaspekte rakende rykdom in hierdie afdeling: konsternasie (v. 1), korrosie (v. 2-3) en veroordeling (v. 4-6). Hierdie elemente beklemtoon gesamentlik James se versigtige benadering tot die invloed en gevare verbonde aan materiële rykdom.

5:1 Kom nou, julle rykes, huil en huil oor die ellende wat oor julle kom.

Jakobus, soortgelyk aan 'n profeet, konfronteer sy lesers met 'n skerp vermaning ("Kom nou"; vgl. 4:13). Terwyl rykdom tipies geluk bring, daag James die rykes uit om eerder in nood te "huil en huil", en die redes in hierdie hoofstuk uiteensit. Wat belangrik is, is dat die Bybel nie rykdom veroordeel nie (vgl. 1 Tim. 6:10) maar konsekwent waarsku teen die versoekings wat met finansiële oorvloed gepaardgaan. Hierdie versoekings sluit 'n valse gevoel van sekuriteit, 'n begeerte na beheer oor ander en persoonlike trots in. Jakobus waarsku teen oormatige vreugde in rykdom, aangesien materiële ongeluk onverwags kan opduik (vgl. 1:10-11).

Die gedeelte spreek nie net die welgesteldes aan nie, maar spesifiek die gevare wat die rykes as 'n klas in die gesig staar, wat beide gelowiges en ongelowiges insluit. Terwyl Jakobus hoofsaaklik aan gelowiges skryf, resoneer sy woorde universeel, en is ewe van toepassing op ongelowiges. Sy besorgdheid strek verder as bloot wêreldse sukses tot die geestelike gevare wat rykdom inhou, en onderskei sy boodskap van vroeëre gedeeltes wat wêreldse ambisie kritiseer (vgl. 4:13).

5:2 Jou rykdom het verrot, en jou klere is motgevreet.

Die konsep van "rykdom wat vrot" verwys waarskynlik na bederfbare goedere soos kos en drank. In die Bybelse tyd is kledingstukke ook as waardevolle bates beskou, dikwels vir handel gebruik, as erfstukke gekoester en as gesogte geskenke gegee (vgl. Matt. 6:19). Selfs vandag belê mense aansienlike bedrae in bederfbare items soos kos, drank en klere, ten spyte van hul vlugtige aard.

Hierdie perspektief beklemtoon 'n tydlose waarheid oor materiële rykdom. Alhoewel hierdie besittings tydelike troos en status kan bied, verval of verloor dit uiteindelik waarde met verloop van tyd. Dit eggo Jesus se leringe in Matteus 6:19, en beklemtoon die belangrikheid daarvan om ewige skatte te prioritiseer bo aardse besittings wat vatbaar is vir verval en verlies.

5:3 Jou goud en silwer het verroes; hulle korrosie sal 'n bewys teen jou wees en sal jou vlees eet soos vuur. U het skatte bymekaargemaak in die laaste dae.

Die vermelding van "goud" en "silwer" in Jakobus se leringe beklemtoon hul kwesbaarheid vir korrosie en verkleuring. Hierdie korrosie verminder hul materiële waarde en simboliseer 'n dieper geestelike verval wat veroorsaak word deur die opgaar van rykdom. James waarsku dat hierdie vernietigende proses wat edelmetale affekteer, ooreenstem met die skadelike uitwerking op individue wat buitensporig rykdom opgaar. Dit dien as 'n bewys van hul ontroue rentmeesterskap van rykdom, wat skerp kontrasteer met die Christelike beginsel om hulpbronne te gebruik eerder as om dit bloot op te slaan.

Vir Christene is die opgaar van rykdom besonder ernstig, veral gegewe die geloof in die lewe in die laaste dae voor die Here se wederkoms (vgl. Lukas 12:20-21). Jakobus bepleit die gebruik van finansiële hulpbronne vir God se werk eerder as om hulle aan selfgesentreerde en ledige lewenstyl toe te gee (vgl. Matt. 6:19-24). Hierdie perspektief strook met die Bybelse leerstelling dat alles aan God behoort, en gelowiges is rentmeesters wat toevertrou is om Sy hulpbronne verstandig te bestuur (vgl. 1 Korintiërs 4:2).

Alhoewel die Bybel nie spaar of belegging ontmoedig nie, veroordeel dit opgaar ten sterkste – die opbou van rykdom vir aansien of selfbevrediging eerder as opregte sekuriteit of verantwoordelike rentmeesterskap. Om die lyn tussen verstandige redding en sondige opgaar te bepaal, is 'n saak van die hart, wat 'n mens se houding teenoor vrygewigheid en vertroue op God se voorsiening weerspieël. Uiteindelik moedig Jakobus 'n ingesteldheid aan waar finansiële hulpbronne doelgerig gebruik word om God se koninkryk te bevorder, met die erkenning dat ware skat in hemelse beleggings lê eerder as aardse opeenhoping.

5:4 Kyk, die loon van die arbeiders wat jou lande afgesny het, wat jy deur bedrog teruggehou het, skreeu teen jou, en die geroep van die stropers het tot die ore van die HERE van die leërskare gekom.

Party van Jakobus se gehoor het blykbaar hulleself onregverdig verryk deur billike lone van hulle werkers te weerhou, 'n ernstige oortreding wat in Deuteronomium 24:15 veroordeel word. Die uitroepe om geregtigheid van hierdie onderdrukte arbeiders het God se ore bereik, selfs al het hulle werkgewers onverskillig gebly (vgl. Genesis 4:5; 18:20-21).

Die titel "Here van die leërs" (Here die Almagtige; vgl. Jesaja 5:9; Romeine 9:29) beklemtoon God se soewereine almag. Ten spyte van die oënskynlike gebrek aan aardse voorstanders vir die onderdruktes, vind hulle hul uiteindelike helper in die Almagtige God van die hemel. Hierdie titel beklemtoon God se rol as die verdediger van die onderdruktes. Dit verseker dat geregtigheid seëvier, selfs wanneer menslike stelsels misluk of die kwesbares uitbuit. Dit verseker diegene wat ongeregtigheid in die gesig staar dat hulle nie alleen is in hul stryd nie, want die Here van die leërs staan saam met hulle, gereed om geregtigheid en geregtigheid te bewerkstellig in Sy perfekte tydsberekening.

5:5 Jy het op die aarde geleef in weelde en in selfgenoegsaamheid. Julle het julle harte vetgemaak in 'n dag van slagting.

Die lewenstyl wat dikwels met die rykes geassosieer word—luuksheid en selfbevrediging—word gekritiseer in kulturele norme en skriftuurlike leringe. Terwyl die samelewing uitspattigheid kan goedpraat, veroordeel die Skrif dit konsekwent. Om uitsluitlik "vir plesier" te lewe, impliseer 'n strewe na toegeeflikheid en oordaad, waarteen Jakobus waarsku as 'n vorm van gierige materialisme.

James gebruik lewendige beelde om die gevolge van sulke leefstyle te illustreer. Hy beskryf die rykes metafories as figuurlik "hulle harte vetmaak", wat hulle oorgee aan oormatige verbruik wat nie net fisiese begeertes bevredig nie, maar hulle ook verblind vir hul geestelike kwesbaarheid. Hierdie selfgesentreerde strewe na plesier, hetsy in fisiese of materialistiese terme, lei uiteindelik tot 'n dag van oordeel—wat herinner aan offerdiere wat vir slagting voorberei is.

In die tradisie van Ou-Testamentiese profete veroordeel Jakobus hierdie weelderige en onverskillige lewenstyl streng en waarsku vir die naderende gevolge daarvan. Vir gelowiges is hierdie vermaning uitdagend om persoonlike bestedingsgewoontes te heroorweeg, wat die belangrikheid beklemtoon om uitgawes periodiek te evalueer. Een praktiese metode wat voorgestel word, is om liefdadigheidsgee (aftrekkings) met inkomste te vergelyk, deur inkomstebelastingrekords te gebruik as 'n tasbare maatstaf van vrygewigheid teenoor persoonlike akkumulasie. Hierdie refleksie help om finansiële besluite in lyn te bring met Bybelse beginsels van rentmeesterskap en vrygewigheid, en bevorder 'n ingesteldheid wat ewige waardes prioritiseer bo vlietende materiële plesier.

5:6 U het die regverdige veroordeel en vermoor. Hy weerstaan jou nie.

James spreek lewendig aan die onderdrukking wat deur die rykes uitgeoefen word, wat soms so ver gaan as om diegene wat hul onregverdige praktyke weerstaan metafories te "doodmaak", selfs al doen hierdie individue dit regverdig en nie-gewelddadig. Hierdie hiperboliese taal beklemtoon die ernstige gevolge wat diegene in die gesig staar wat in die pad staan van die rykes se strewe na finansiële sekuriteit. Deur die geskiedenis heen het Christene dikwels te kampe gehad met vervolging van diegene wat hul ekonomiese belange beskerm of bevorder, soos gesien in verslae soos dié in Handelinge (8:18-24; 19:23-28).

Vir dagloners is die tydige ontvangs van lone 'n kwessie van lewe en dood. James beeld lone uit as noodsaaklike lewensbloed, wat die verskriklike gevolge simboliseer wanneer die welgesteldes hierdie verdienste onregverdig terughou. Hierdie uitbeelding strek tot boere en werkers wie se moeite ander onderhou, maar hulle dikwels kwesbaar laat vir uitbuiting en verarming. Daarom dra Jakobus se beskuldiging dat die rykes die regverdiges veroordeel en selfs metafories doodmaak (5:6), beduidende etiese en morele gewig.

James se streng waarskuwings openbaar sy kommer dat sy lesers hul verantwoordelikhede versuim, veral in die hantering van rykdom. Hy daag die buitensporige strewe na rykdom en materiële gewin uit, 'n versoeking wat algemeen in die moderne kultuur voorkom. Alhoewel dit nodig is vir praktiese doeleindes, kan geld maklik 'n strik word, wat lei tot angs, onsekerheid en geestelike gevaar as dit misbruik of verafgod word.

Wat James se gehoor betref, hetsy ryk Christene of ongelowiges, hy kritiseer hoofsaaklik diegene binne die Christelike gemeenskap wat dalk hul rykdom misbruik of ander onderdruk. Sy boodskap maak gelowiges wakker vir die gevare van rykdom en die belangrikheid daarvan om finansiële praktyke in lyn te bring met God se rentmeesterskap, vrygewigheid en geregtigheidsbeginsels.

In teenstelling met die wêreld se siening van rykdom as 'n bron van vryheid, sekuriteit, krag en geluk, beklemtoon Jakobus dat ware vervulling en sekuriteit spruit uit vertroue op God eerder as om aardse rykdom te versamel. Sy leringe moedig 'n radikale verskuiwing in perspektief aan, waar geld nie as 'n doel beskou word nie, maar as 'n instrument vir 'n regverdige lewe en die bevordering van God se koninkryk. Gelowiges word dus geroep om hul hulpbronne verstandig te bestuur, met die erkenning dat ware waarde en sekuriteit uit 'n verhouding met God kom, nie materiële besittings nie.

Geduld in lyding

James veroordeel inderdaad die houding van die rykes wat die verkryging van rykdom op enige moontlike manier, so vinnig as moontlik, prioritiseer. Hierdie ingesteldheid, wat uitsluitlik op akkumulasie gefokus is sonder inagneming van etiese oorwegings of die welstand van ander, staan in skrille kontras met die raad wat Jakobus in die daaropvolgende gedeelte gee. Hier raai Jakobus die welgesteldes en dié van beskeie middele aan om geduld aan te kweek.

Die oproep tot geduld weerspieël Jakobus se breër besorgdheid oor hoe gelowiges lewe en rykdom benader. In hierdie konteks impliseer geduld om op God se tydsberekening en voorsienigheid te vertrou eerder as om gebruik te maak van doelmatige of onetiese metodes om finansiële gewin te verkry. Dit moedig blywende getrouheid en integriteit aan in alle aspekte van die lewe, insluitend ekonomiese handelinge.

Vir Jakobus gaan geduld nie bloot daaroor om passief te wag nie, maar om aktief op God se wysheid en voorsiening te vertrou terwyl jy die beginsels van geregtigheid en deernis getrou uitleef. Hierdie houding weerspreek die selfgesentreerde strewe na rykdom wat vroeër veroordeel is en strook met 'n dieper geestelike perspektief wat geregtigheid en etiese gedrag waardeer bo onmiddellike materiële gewin.

James se vermaning om geduld te beoefen dien dus as 'n morele kompas, wat gelowiges weglei van die slaggate van hebsug en uitbuiting na 'n lewe gekenmerk deur integriteit, vertroue in God en besorgdheid oor die welsyn van ander.

5:7 Wees dan geduldig, broeders, tot die wederkoms van die Here. Kyk hoe wag die boer geduldig vir die aarde se kosbare vrugte totdat dit die vroeë en die laat reën kry.

Jakobus moedig gelowiges aan om geduldig te wees in reaksie op sy uiteengesit gevare. Die werkwoord " makrothymesate " (wees geduldig) dra 'n gevoel van selfbeheersing oor, en weerhou daarvan om oorhaastig te vergeld teen onreg wat gely is. Hierdie geduld is gegrond in die naderende "koms" van die Here (v. 8), 'n term (" parousias ") wat algemeen gebruik word om die koninklike besoek van 'n koning uit te beeld. In die Christelike teologie verwys dit na die verwagte wederkoms van Christus (vgl. Mark. 13:32-37; Fil. 4:5; 1 Pet. 4:7; 1 Joh. 2:18).

Die metafoor van vroeë en laat reën in Jakobus se lering resoneer met sy gehoor se landboukonteks, waarskynlik in Judea. Vroeë reën het tipies laat in Oktober en vroeg in November geval, wat noodsaaklik is vir plant, terwyl laat reën aan die einde van Maart en vroeg in April noodsaaklik was vir rypwordende gewasse. Hierdie landboubeelde beklemtoon James se vertroudheid met Judese boerderypraktyke. Dit illustreer 'n geestelike beginsel: gelowiges is soortgelyk aan boere wat hul gewasse ywerig saai en versorg (geestelike pogings) met geduldige verwagtinge van 'n toekomstige oes.

Vir Jakobus beklemtoon hierdie analogie die belangrikheid van volharding en vertroue in God se tydsberekening. Net soos 'n boer nie die groeiproses kan aanjaag nie, maar geduldig moet wag vir die reën en die uiteindelike oes, moet gelowiges ook geduldig beproewinge en ontberings verduur, op God se voorsienigheid vertrou en wag op die vervulling van Sy beloftes. Hierdie geduldige uithouvermoë staan in skerp kontras met die impulsiewe strewe na rykdom of vergelding teen ongeregtighede, wat 'n geloofsgesentreerde benadering tot die lewe beklemtoon wat gekenmerk word deur standvastigheid en vertroue op God se leiding.

5:8 **Wees ook geduldig. Bevestig julle harte, want die koms van die Here is op hande.**

Wanneer die Here terugkom, sal gelowiges hulle beloning by die regterstoel van Christus ontvang. Intussen spoor Jakobus sy lesers aan om "geduldig te wees; versterk julle harte," met die klem op die versekering dat hulle beloning op hulle wag, soos deur God belowe (vgl. Matteus 6:20). Hierdie geduldige uithouvermoë is in skrille kontras met die ingesteldheid van die rykes wat, verteer deur wêreldse strewes, die opbou van soveel rykdom as moontlik in die hede prioritiseer.

Die hoop op toekomstige belonings is 'n kragtige motivering vir gelowiges om deur beproewings en ontberings te volhard. Dit moedig hulle aan om hul vasberadenheid te versterk en getrouheid te handhaaf ten spyte van probleme, met die wete dat die uiteindelike prys – ewige seëninge in die teenwoordigheid van God – net voorlê. Hierdie perspektief strook met die leringe van Christus, wat Sy volgelinge opdrag gegee het om skatte in die hemel eerder as op aarde te bêre (Matteus 6:19-21).

Jakobus beklemtoon die dringendheid om standvastig te bly, en vergelyk die Christelike reis met 'n wedloop waar volharding noodsaaklik is om die wenstreep te bereik en die volheid van God se beloftes te ontvang. Hierdie volharding is gegrond in die oortuiging dat die vervulling van God se voornemens op hande is en dat elke oomblik geleenthede bring om getrou en gehoorsaam te lewe.

Jakobus se raad moedig gelowiges aan om met 'n ewige perspektief te lewe, en fokus op geestelike beleggings wat verder as hierdie lewe voortduur. Hierdie uitkyk daag die aanloklikheid van onmiddellike bevrediging en materiële rykdom uit, en dring eerder aan op 'n verbintenis tot volgehoue geloof en afwagting van die hemelse beloning wat belowe word aan diegene wat Christus getrou volg.

5:9 **Moenie teen mekaar mor nie, broeders, sodat julle nie geoordeel word nie; kyk, die Regter staan by die deur.**

Jakobus vermaan gelowiges om te midde van hul ongemak te blameer of teen mekaar te kla. Hy onderskei tussen openlike veroordelings en die subtiele maar skadelike uitdrukkings van bitterheid of wrok wat kan manifesteer as kreun of versugtinge. Sulke gesindhede, waarsku hy, behels onbehoorlike oordeel, wat sy vroeëre leringe oor die gevare van laster en veroordelende gesindhede weerspieël (vgl. Jakobus 4:11-12).

Die dringendheid van Jakobus se boodskap word onderstreep deur die geloof onder vroeë Christene in die naderende wederkoms van Jesus Christus (" parousia "), wat verwys na Sy verwagte koms. Hierdie geloof was nie 'n vaste tydlyn nie, maar 'n oortuiging dat Christus enige oomblik kan terugkeer, wat gelowiges aangespoor het om in gereedheid en getrouheid te lewe. Hierdie naderende wederkoms van Christus is onderskei van Sy Wederkoms, wat die Skrif aandui sal plaasvind na 'n tydperk van verdrukking.

Volgens sommige teologiese perspektiewe soos die siening van die Voorverdrukking Wegraping, bevestig die konsep van Christus se naderende wederkoms dat Jesus Sy volgelinge sal versamel voor die verdrukkingsperiode wat in Bybelse profesieë beskryf word. Hierdie oortuiging sluit aan by die Nuwe Testament se lering oor Christus se naderende wederkoms, en beklemtoon die gereedheid en afwagting waarmee gelowiges hulle lewens moet leef.

Vir Jakobus is die naderende wederkoms van Jesus Christus 'n kragtige motivering vir gelowiges om geduldig en opofferend te lewe. Hy beeld Jesus lewendig uit as "wat reg by die deur staan," wat Sy nabyheid simboliseer en die dringendheid waarmee gelowiges Sy wederkoms moet wag. Hierdie afwagting behoort hul gesindhede en optrede te vorm, en 'n gees van geduld, deursettingsvermoë en toewyding te bevorder ter voorbereiding van die ewige belonings wat deur Christus met Sy wederkoms belowe is.

5:10 As voorbeeld van lyding en geduld, broers, neem die profete wat in die Naam van die Here gespreek het.

In Jakobus 1:4 word die konsep van geduldige volharding in lyding uitgelig as 'n deug wat deur gelowiges gekweek moet word. Hierdie volharding in lyding vind voorbeeldige uitdrukking regdeur die Hebreeuse profete, wat kragtige modelle was van getrouheid en volharding te midde van beproewings en beproewings.

Dink aan die profeet Job, bekend vir sy onwrikbare vertroue in God ondanks die verlies van sy rykdom, gesondheid en familie in 'n reeks verwoestende beproewinge. Sy beroemde verklaring, "Al sou hy my doodmaak , ek hoop op hom" (Job 13:15, NAV), toon geduldige volharding in die aangesig van aansienlike lyding.

Nog 'n noemenswaardige voorbeeld is die profeet Jeremia, wat dikwels die "huilende profeet" genoem word. Jeremia het God se woord getrou aan 'n ongehoorsame nasie verkondig, wat vervolging, verwerping en gevangenskap verduur het. Sy onwrikbare toewyding aan God se roeping demonstreer blywende getrouheid ten spyte van persoonlike angs en teenstand.

Die profeet Daniël is 'n voorbeeld van veerkragtigheid en vertroue in God terwyl hy politieke intriges, ballingskap en vervolging in Babilon in die gesig staar. Ten spyte van bedreigings vir sy lewe en geloof, het Daniël standvastig gebly in gebed en toewyding aan God, en uiteindelik getuie van God se bevryding en soewereiniteit.

Die profeet Jesaja, bekend vir sy profetiese visioene en boodskappe van hoop en herstel, het teenstand en vervolging verduur omdat hy God se waarheid aan die mense van Juda verkondig het. Sy standvastigheid in die verkondiging van God se beloftes te midde van teëspoed is 'n blywende voorbeeld van getrouheid en volharding.

Hierdie profete, onder andere in die Ou Testament, illustreer die deug van geduldige volharding in lyding. Hulle lewens en boodskappe resoneer met Jakobus se vermaning vir gelowiges om beproewinge te verduur met standvastige geloof, met vertroue op God se getrouheid en soewereiniteit. Hulle stories inspireer en moedig gelowiges aan om deur swaarkry te volhard, met die wete dat God aan die werk is ten spyte van teëspoed, wat hulle geloof vorm en verfyn tot Sy eer.

5:11 Kyk, ons ag die geseëndes wat standvastig gebly het. Jy het gehoor van die standvastigheid van Job, en jy het die voorneme van die Here gesien, hoe die Here barmhartig en genadig is.

In die ondersoek na die tema van geduldige uithouvermoë in lyding, kom Job na vore as 'n komplekse dog betekenisvolle voorbeeld. Alhoewel Job nie altyd volmaakte geduld in sy lyding aan die dag gelê het nie, het hy uiteindelik vasbeslote om te verduur wat hom ook al tref terwyl hy gewag het op God se oplossing vir die verborgenheid van sy beproewinge (vgl. Job 13:10, 15; 16:19-21; 19:25).

Geleerdes merk op dat, ten spyte van Job se oomblikke van ongeduld en angs, hy konsekwent teruggekeer het om homself geheel en al aan God te verbind, wat uitloop op 'n gees van volgehoue onderwerping aan die einde van sy beproewing. Hierdie geloofsreis, gekenmerk deur worsteling met God se geregtigheid te midde van aansienlike lyding, is 'n voorbeeld van die soort standvastige volharding wat Jakobus by gelowiges aanmoedig.

In Jakobus 5:7-10 pleit die skrywer vir "geduld" (makrothymia), wat behels om jouself te weerhou van vergelding en standvastig deur beproewinge te volhard. Dit eggo Jakobus se vroeëre leringe oor volhardende geloof in die aangesig van verskeie beproewings (vgl. Jakobus 1:3) en resoneer met die breër Bybelse tema van volharding in geloof (vgl. Hebreërs 11:25).

Job se verhaal openbaar God se deernis en barmhartigheid, veral in die herstel en seëninge wat Job ontvang ná sy beproewinge. Sy voorbeeld moedig gelowiges aan om voort te gaan om deur geloof te lewe, selfs wanneer hulle in die versoeking kom om te twyfel of vertroue in God te verlaat, soos geïllustreer in Jakobus se oproep om getrouheid te bly te midde van teëspoed.

Jakobus se bekommernis regdeur sy brief is om gelowiges toe te rus om wêreldse reaksies op ongeregtighede en beproewings te oorkom deur 'n ingesteldheid te omhels wat gegrond is op God se koninkrykswaardes. Hierdie perspektief stel gelowiges in staat om die wêreld se vyandigheid te weerstaan, met die erkenning dat hulle uiteindelike hoop op God se soewereiniteit en getrouheid rus, net soos Job in sy beproewing gedemonstreer het.

5:12 **Maar bo alles, my broeders, sweer nie by die hemel, die aarde of enige ander eed nie, maar laat julle "ja" ja wees en julle "nee" nee, sodat julle nie onder die veroordeling val nie.**

Jakobus beklemtoon dat vloek en oorhaastige ede manifestasies van ongeduld is, veral in tye van stres en beproewing. Hy waarsku teen die terloopse en oneerbiedige gebruik van die Here se naam of die aanroep van hemel en aarde om stellings te bevestig (vgl. Matteus 5:33-37). Volgens James weerspieël sulke gedrag 'n gebrek aan selfbeheersing en 'n verontagsaming van die heiligheid van God se naam.

Geleerdes soos Jamieson, Hiebert en Constable verduidelik dat James se besorgdheid nie is oor formele ede wat in wetlike instellings gebruik word nie, maar alledaagse gesprekke waar ede ligtelik gebruik word en sonder opregte agting vir hul betekenis. Dit strook met Joodse praktyke van die tyd en strek tot moderne kontekste waar individue flenters godsdienstige of plegtige taal kan gebruik.

James beklemtoon dat ons toespraak gekenmerk moet word deur integriteit en eerlikheid, waar 'n eenvoudige bevestiging of ontkenning voldoende moet wees sonder dat bykomende ede nodig is om ons stellings te bekragtig. Dit weerspieël 'n dieper verbintenis tot waarheid en betroubaarheid in ons kommunikasie, wat Jesus se leringe weerspieël om ons ja en nee ja te laat wees.

Soos James dit sien, is ongeduld die wortel van sulke onbehoorlike gedrag—dikwels geassosieer met die rykes. Hierdie ongeduld spruit uit 'n verwerping of vergeetagtigheid van goddelike openbaring, veral met betrekking tot die toekoms soos uiteengesit in die Skrif. Kennis van God se planne vir die toekoms behoort ons alledaagse besluite grondig te vorm, insluitend hoe ons rykdom bestuur en onsself in alle aspekte van die lewe optree. Jakobus moedig dus gelowiges aan om hulle gesindhede en optrede in lyn te bring met God se geopenbaarde waarheid, wat 'n lewe bevorder wat gekenmerk word deur integriteit, geduld en getroue gehoorsaamheid.

Die Gebed van Geloof

Jakobus beklemtoon konsekwent die belangrikheid van gebed as 'n noodsaaklike middel vir gelowiges om beproewinge en versoekings te navigeer. Dwarsdeur sy brief vervleg hy die temas van geduld en gebed, en spoor sy lesers aan om hulle in gebed tot God te wend eerder as om hulle toevlug tot vloek of ander onbehoorlike uitdrukkings van emosie in tye van lyding.

Aan die begin en einde van sy brief beklemtoon Jakobus gebed as 'n deurslaggewende hulpmiddel vir die bestuur van beproewings (vgl. Jakobus 1:5-8; 5:13-18). Hy leer dat gebed God se wysheid en leiding soek tydens uitdagings en gelowiges se vasberadenheid versterk om met geduld en geloof te volhard. Hierdie klem beklemtoon die onlosmaaklike verband tussen 'n volhardende lewe en 'n biddende lewe - waar gebed 'n fundamentele praktyk is wat standvastigheid in die aangesig van moeilikhede ondersteun.

5:13 Is daar iemand onder julle wat ly? Laat hom bid. Is iemand vrolik? Laat hom lof sing.

In Jakobus 5:13-18 moedig hy spesifiek gebed aan as die gepaste reaksie op hartseer wat deur lyding veroorsaak word. Eerder as om toe te laat dat hartseer lei tot onbehoorlike spraak of optrede, beveel Jakobus gelowiges om hul emosies te kanaliseer deur biddende kommunikasie met God. Dit strook met sy breër boodskap van lewe deur geloof en vertroue op God se soewereiniteit, ongeag die huidige omstandighede.

Jakobus kontrasteer die regte uitdrukkings van emosies: vreugde moet uitgedruk word deur God te loof en lofsange eerder as onvanpaste spraak soos vloek. Dit weerspieël sy oortuiging dat gebed en aanbidding 'n integrale deel is van die handhawing van 'n getroue en opregte lewe, selfs te midde van beproewings en uitdagings.

Jakobus se leringe oor gebed beklemtoon dus die transformerende krag daarvan in die vorming van die gesindhede en reaksies van gelowiges, wat hulle in staat stel om beproewinge met geduld en geloof te verduur terwyl hulle God in elke omstandighede verheerlik.

5:14 Is daar iemand onder julle wat siek is? Laat hy die ouderlinge van die kerk roep, en laat hulle oor hom bid en hom in die Naam van die Here met olie salf.

Jakobus spreek die kwessie van siekte, beide geestelik en fisies, in sy brief aan, en erken dat afwyking van God se wil tot gevolge kan lei wat geestelike swakheid en soms selfs fisiese siekte insluit (Jak. 1:15, 21; 5:20). Hy gee duidelike instruksies oor hoe gelowiges moet reageer wanneer hulle voor hierdie uitdagings te staan kom, veral in Jakobus 5:14-20.

Jakobus raai gelowiges aan om proaktiewe stappe te neem om geestelike of fisiese swakheid te hanteer. Hy beveel hulle spesifiek om die ouderlinge van die kerk te roep. Hierdie ouderlinge is erkende leiers binne die gemeente en is verantwoordelik vir geestelike toesig en sorg. Om hulle aan te roep demonstreer vertroue in hul geestelike gesag en hul rol in die geloofsgemeenskap.

Jakobus skets 'n tweeledige bediening wat die ouderlinge moet verrig wanneer hulle geroep word: gebed en salwing met olie in die Naam van Jesus. Gebed word beklemtoon as die primêre aksie, terwyl salwing met olie 'n sekondêre, simboliese toewyding en toewyding aan God se genesende krag is. Hierdie praktyk weerspieël 'n holistiese benadering tot genesing, wat beide siekte se fisiese en geestelike dimensies aanspreek.

Salwing met olie was 'n algemene kulturele en godsdienstige praktyk in die ou Nabye Ooste, wat genesing en toewyding beteken het. In hierdie konteks simboliseer dit die ouderlinge se aanroeping van God se teenwoordigheid en krag om genesing en herstel te bring. Wat belangrik is, Jakobus beklemtoon die belangrikheid van gebed as die fokuspunt van hierdie bediening, en beklemtoon die sentrale rol daarvan in die soeke na God se ingryping en leiding.

Vandag herinner Jakobus se instruksies gelowiges om hul kerkgemeenskap in tye van nood te betrek, veral in siekte of geestelike stryd. Eerder as om net op persoonlike of informele netwerke staat te maak vir ondersteuning, moedig James gelowiges aan om kerkouderlinge te betrek wat geestelike raad, voorbidding deur gebed en 'n tasbare uitdrukking van geloof deur salwing kan verskaf. Hierdie benadering soek nie net fisiese genesing nie, maar bevorder ook geestelike krag en eenheid binne die liggaam van Christus, wat Jakobus se holistiese besorgdheid oor die welstand van gelowiges weerspieël.

Jakobus se opdrag met betrekking tot die oproep van die ouderlinge en salwing met olie vir die sieke gee insig in sowel die kulturele praktyke van sy tyd as die geestelike sorg binne die vroeë kerkgemeenskap.

Eerstens beteken die oproep van die ouderlinge 'n erkenning dat siekte aan geestelike toestande verbind kan word. Dit strook met Jakobus se daaropvolgende stelling in vers 15, waar hy siekte met sonde en die behoefte aan vergifnis en herstel deur gebed en bekering verbind. Terwyl moderne mediese sorg noodsaaklik en waardeer is, fokus die rol van ouderlinge daarop om geestelike faktore aan te spreek wat kan bydra tot of met die siekte gepaard gaan. Hierdie geestelike toesig is gewortel in hulle verantwoordelikheid vir die kudde se geestelike welsyn (Hebreërs 13:17).

Die gebruik om met olie te salf, tipies olyfolie in antieke tye, het simboliese en praktiese betekenis gehad. Dit is gewaardeer vir sy terapeutiese eienskappe en is algemeen vir strelende en medisinale doeleindes gebruik (Jesaja 1:16;

Lukas 10:34). Jakobus se gebruik van die Griekse woord " aleiphein ", wat beteken om olie te vryf of aan te wend, eerder as " chriein ", wat spesifiek godsdienstige seremoniële salwing aandui, dui op 'n praktiese toepassing van olie vir sy medisinale voordele eerder as 'n sakramentele handeling.

Daar bestaan 'n mate van debat onder Christene oor die kontinuïteit van salwing met olie as 'n praktyk in die kerk vandag. Alhoewel dit in Joodse gebruike ontstaan het, was dit nie uitsluitlik Joods nie, en die toepassing daarvan in Jakobus se konteks beklemtoon die praktiese terapeutiese gebruik daarvan eerder as 'n streng godsdienstige ritueel. Onder die genade van Christus het gelowiges vryheid ten opsigte van die nakoming van sulke praktyke, met die verstandhouding dat die primêre fokus op geestelike en fisiese herstel deur gebed en geloof bly.

James se instruksies beklemtoon die holistiese versorging van die siekes binne die Christelike gemeenskap, en integreer geestelike toesig met praktiese sorg. Hierdie benadering beklemtoon die belangrikheid van geloof, gebed en gemeenskapsondersteuning in tye van siekte, wat die kerk se verantwoordelikheid weerspieël om in sy lidmate se geestelike en fisiese behoeftes te voorsien.

Jakobus se instruksies aangaande die salwing van die siekes met olie en die betrokkenheid van ouderlinge openbaar insigte in die vroeë Christelike praktyke en die teologiese implikasies daarvan.

Eerstens, Jakobus se fokus op die oproep van die ouderlinge en salwing met olie dui op 'n erkenning dat siekte geestelike wortels kan hê. Terwyl alle siekte uiteindelik terugspoor na die sondeval en die gebrokenheid van die skepping, is nie elke siekte direk gekoppel aan 'n spesifieke sonde nie, soos Jesus in Johannes 9:3 aangaande die blinde man bevestig het. Die daad van salwing met olie in Jakobus se konteks was waarskynlik simbolies van die aanroep van God se genesende en vertroostende teenwoordigheid, baie soos die gebruik van olie in die Ou Testament as 'n simbool van die Heilige Gees se krag en seën (Psalm 23:5; Jesaja 61:1)).

Jakobus se weglating van instruksies om diegene met die gawe van genesing op te soek, impliseer dat sulke individue selfs in die vroeë kerk nie alledaags was nie. In plaas daarvan was die klem op die gemeenskaplike verantwoordelikheid van ouderlinge om vir die siekes te bid en te bedien, en om hulle geestelike en fisiese behoeftes aan te spreek. Hierdie benadering beklemtoon die holistiese sorg wat die Christelike gemeenskap geroep is om te voorsien, deur geloof, gebed en praktiese ondersteuning in tye van siekte te kombineer.

Die Griekse woord " aleiphein ," wat beteken om olie te vryf of aan te smeer, eerder as " chriein ," wat spesifiek seremoniële salwing aandui, dui op 'n praktiese toepassing van olie vir sy strelende en miskien simboliese eienskappe. Hierdie praktyk was 'n tasbare herinnering aan God se teenwoordigheid en sorg tydens fisiese verdrukking.

Veral Jakobus se leiding oor salwing met olie is histories verskillend geïnterpreteer oor Christelike tradisies heen. Byvoorbeeld, die Rooms-Katolieke leerstelling het die praktyk van uiterste salwing ontwikkel (die sieke salf met olie naby die dood) wat gedeeltelik op Jakobus 5:14 gebaseer is. Hierdie praktyk, wat rondom die agtste eeu na vore gekom het, weerspieël 'n geloof in die sakramentele doeltreffendheid van salwing vir die vergifnis van sondes en voorbereiding vir die hiernamaals.

Jakobus se opdrag om die siekes met olie te salf en ouer manne by gebed te betrek, beklemtoon die Christelike gemeenskap se rol in die versorging van die siekes, geestelik en fisies. Hierdie praktyk spreek onmiddellike behoeftes aan en dien as 'n herinnering aan God se genesende teenwoordigheid en die gemeenskaplike ondersteuning wat noodsaaklik is vir die lewe van geloof.

5:15 En die gebed van die geloof sal die sieke red, en die Here sal hom oprig. En as hy sondes gepleeg het, sal hy vergewe word.

Jakobus beklemtoon die belangrikheid van gebed om die behoeftes van die siekes aan te spreek, en beklemtoon dit as die primêre middel waardeur genesing in die Christelike gemeenskap gesoek word.

Die fokuspunt van Jakobus 5:13-18 is gebed, ten spyte van verskillende interpretasies oor die betekenis van salwing met olie. Sommige stel voor dat salwing nie die primêre klem op gebed self moet oorskadu nie. Die ouderlinge se gebede in geloof word beklemtoon dat hulle die krag het om die sieke te herstel of gesond te maak. Die term "geloofsgebed" dui op 'n gebed wat aangebied word met vertroue in God se vermoë om volgens Sy wil te genees (Matteus 8:1-13; Markus 5:35-42). Dit strook met die begrip dat uiteindelike genesing van God kom, met gebed as 'n noodsaaklike middel waardeur God se genesende krag gesoek word.

Salwing met olie word in Jakobus se konteks as 'n praktiese en simboliese handeling beskou eerder as 'n sakramentele ritueel. Dit simboliseer God se teenwoordigheid en sorg gedurende tye van fisiese beproewing, en maak gebruik van die kulturele gebruik van olie vir die strelende en medisinale eienskappe daarvan (Jesaja 1:6; Lukas 10:34). Die daad van salwing word nie gesien as die direkte oorsaak van genesing nie maar as 'n sigbare uitdrukking van vertroue in God se voorsiening en sorg.

Jakobus se opdrag ondersteun nie die idee dat gebed in geloof 'n spesifieke uitkoms waarborg bloot omdat daarvoor gebid word nie. In plaas daarvan is geloof in gebed geanker in vertroue in God se soewereiniteit en Sy voornemens, nie in 'n formule-verwagting van resultate nie (Jakobus 1:5-6; 2 Korintiërs 12:7-10). Geloof hang altyd af van God se karakter en beloftes, wat verseker dat effektiewe gebed gewortel is in 'n opregte verhouding met Hom.

Aangaande sondes wat aan siekte gekoppel is, erken Jakobus dat nie alle siektes direk uit persoonlike sonde voortspruit nie (Johannes 9:1-3). Hy beklemtoon egter die behoefte aan geestelike en fisiese herstel waar sonde 'n faktor kan wees, met die klem op belydenis en vergifnis deur gebed (1 Johannes 1:9; Matteus 6:12). Hierdie holistiese benadering weerspieël James se besorgdheid oor die aanspreek van die gemeenskap se geestelike en fisiese dimensies van siekte.

Jakobus se leiding oor gebed en die salwing van die siekes beklemtoon die Christelike gemeenskap se verantwoordelikheid om diegene wat siek is te ondersteun en te bedien. Gebed, aangebied in geloof en afhanklikheid van God se wil, bly sentraal in die soeke na genesing en herstel, wat God se soewereiniteit in alle lewensomstandighede bevestig.

5:16 Daarom, bely julle sondes aan mekaar en bid vir mekaar, sodat julle gesond kan word. Die gebed van 'n regverdige het groot krag soos dit werk.

Jakobus gee gelowiges opdrag om hul sondes aan mekaar te bely en vir mekaar te bid, wat die onderlinge verbondenheid van geestelike en fisiese welstand binne die Christelike gemeenskap beklemtoon.

Om sondes aan mekaar te bely, is gegrond in die begrip dat sonde tot geestelike en fisiese siekte kan lei (Jakobus 5:15, 16). Hierdie praktyk van belydenis is bedoel om deursigtigheid en aanspreeklikheid onder gelowiges te bevorder, om geestelike gesondheid en relasionele herstel te bevorder. Belydenis hier is nie beperk tot formele instellings nie, maar moedig 'n persoonlike en private erkenning aan van verkeerde dinge wat teen ander gepleeg word (Matteus 5:23-24).

Jakobus beklemtoon die doeltreffendheid van gebed in genesing, en beklemtoon dat gebede wat deur gelowiges vir mekaar aangebied word, geestelike en fisiese herstel kan bewerkstellig (Jakobus 5:16). Dit strook met Bybelse beginsels wat die krag van gebed beklemtoon om beide persoonlike en gemeenskaplike behoeftes aan te spreek (Matteus 18:19-20; Efesiërs 6:18).

Die konteks van belydenis en gebed impliseer 'n verhoudingsdinamiek waar gelowiges mekaar ondersteun en vir mekaar intree. Dit weerspieël 'n verbintenis tot geestelike groei en wedersydse sorg binne die geloofsgemeenskap, wat die beginsels van vergifnis en versoening weerspieël wat deur Jesus geleer is (Kolossense 3:12-13).

Binne huwelike moedig James se beginsels 'n omgewing van openheid en vergifnis aan. Huweliksmaats word aangemoedig om 'n veilige ruimte te skep waar belydenis van sondes en uitdrukking van emosies verwelkom en ondersteun word (Efesiërs 4:31-32; 1 Johannes 4:18). Dit bevorder intimiteit en vertroue, noodsaaklik vir die handhawing van gesonde verhoudings en die konstruktiewe aanspreek van konflikte.

Uiteindelik beklemtoon Jakobus se instruksies oor belydenis en gebed die holistiese benadering tot Christelike lewe, met die klem op persoonlike verantwoordelikheid vir sonde en gemeenskaplike ondersteuning deur gebed en wedersydse aanmoediging. Hierdie praktyke dra by tot individuele geestelike groei en versterk die eenheid en gesondheid van die kerk.

Dit blyk dat jy 'n paar insigte of aanhalings deel wat verband hou met die beoefening van belydenis binne die Christelike geloof, veral in die hantering van sonde en die soeke na geestelike vernuwing. Belydenis, soos dit in verskeie Christelike tradisies verstaan word, behels die erkenning van 'n mens se sondes voor God en, in sommige gevalle, voor medegelowiges vir aanspreeklikheid en ondersteuning. Hier is 'n opsomming gebaseer op die aanhalings en idees wat jy aangebied het:

Omvang van belydenis : Om sonde te bely, moet ooreenstem met die omvang van die impak daarvan. Private sondes moet privaat bely word, terwyl sondes wat ander of die gemeenskap raak, openbare belydenis mag vereis om genesing en versoening te fasiliteer (aanhaling 2).

Doel van Belydenis : Belydenis is nie bloot 'n ritueel nie, maar 'n manier om goddelike hulp te ontvang en geestelike vernuwing te ervaar. Dit laat gelowiges toe om hul sondes eerlik te konfronteer en om vergifnis te soek, om hul verhouding met God en ander te herstel (aanhaling 3).

Belydenis en Christelike lewe : Alhoewel dit nie 'n streng vereiste of wet is nie, bied belydenis 'n pad na verdiep geloof en gemeenskap binne die Christelike gemeenskap. Dit bied 'n konteks vir wedersydse ondersteuning, aanspreeklikheid en om die genade van God te ervaar om sonde en twyfel te oorkom (aanhaling 4).

Historiese perspektief : Histories het figure soos Martin Luther belydenis beklemtoon as 'n integrale deel van die Christelike lewe, met verwysing na die rol daarvan in die koestering van geestelike groei en versekering van vergifnis. Vir Luther was belydenisaflegging nie net 'n praktyk nie, maar 'n lewensbelangrike aspek van die uitlewing van 'n mens se geloof (aanhaling 5).

Belydenis in die Christendom is 'n geestelike dissipline wat nederigheid, aanspreeklikheid en versoening bevorder. Dit het ten doel om 'n dieper verhouding met God en ander te kweek, wat gelowiges in staat stel om die transformerende krag van God se vergifnis en genade te ervaar.

Jakobus beklemtoon die beduidende doeltreffendheid van gebed in beide geestelike en fisiese genesing, en illustreer sy punt met die voorbeeld van Elia se gebed (Jakobus 5:17-18). Hier is die sleutelpunte wat uit jou boodskap afgelei word:

Krag van gebed : Jakobus bevestig dat die gebede van 'n regverdige persoon kragtig en effektief is, in staat om geestelike en fisiese verlossing vir ander te bewerkstellig. Hierdie geregtigheid word nie self bereik nie, maar kom deur sondes te bely en vergifnis van God te ontvang (aanhaling 1).

Doeltreffendheid van gebed : Die doeltreffendheid van gebed lê in die vermoë daarvan om die krag van God te ontgin. Dit dien as die middel waardeur gelowiges toegang tot God se goddelike ingryping en voorsiening kry (aanhaling 2).

James se voorbeeld : Histories het Jakobus self 'n voorbeeld van 'n lewe gewy aan gebed. Volgens Eusebius, uit Hegesippus , was Jakobus bekend vir sy toegewyde gebedslewe, en het dikwels ernstig gebid vir die vergifnis en welstand van die mense. Hierdie verbintenis tot gebed was so intens dat dit hom fisies aangetas het en sy knieë verhard het soos 'n kameel s'n as gevolg van langdurige kniel voor God (aanhaling 3).

Jakobus beklemtoon die belangrikheid van gebed as 'n sentrale praktyk in die Christelike lewe. Dit fasiliteer persoonlike gemeenskap met God en dien as 'n kragtige instrument om namens ander in te tree, wat geloof toon in God se vermoë om genesing en herstel teweeg te bring.

Die gedeelte uit Jakobus 5:13-16 spreek 'n spesifieke konteks binne die vroeë Christelike gemeenskap aan, en fokus op die verhouding tussen sonde, gebed en genesing. Hier is 'n uiteensetting van die sleutelpunte uit jou boodskap:

Konteks van siekte en sonde : Jakobus se onderrig oor gebed vir die siekes is nie 'n algemene belofte vir die genesing van alle fisiese kwale nie, maar spreek spesifiek siekte aan wat voortspruit uit onregverdige gedrag, veral sondes wat die misbruik van spraak behels. Dit beklemtoon die belangrikheid daarvan om geestelike onderliggende oorsake aan te spreek wanneer genesing gesoek word (aanhaling 1).

Toepassing Vandag : Hierdie gedeelte bly relevant vir gelowiges vandag. Dit moedig selfrefleksie en bekering aan wanneer die gevolge van sondige optrede in die gesig gestaar word, wat moontlik tot beide geestelike herstel en, in spesifieke gevalle, fisiese genesing deur gebed en belydenis kan lei (aanhaling 3).

Goddelike en Mediese Intervensie : Die erkenning dat alle genesing uiteindelik van God af kom, hetsy deur mediese middele of wonderbaarlike ingryping, beklemtoon die holistiese benadering om mediese kundigheid en goddelike ingryping in tye van siekte te soek (aanhaling 1).

Jakobus 5:13-16 beklemtoon die onderlinge verband van geestelike en fisiese gesondheid binne die Christelike konteks. Dit moedig gelowiges aan om God te nader in gebed vir genesing, veral in gevalle waar siekte gekoppel kan word aan onbelyde sonde, terwyl dit ook die rol van mediese beroepslui erken as deel van God se voorsiening vir genesing.

5:17 **Elia was 'n man met 'n natuur soos ons s'n, en hy het vurig gebid dat dit nie moes reën nie, en drie jaar en ses maande lank het dit nie op die aarde gereën nie. 5:18 Toe het Hy weer gebid, en die hemel het reën gegee, en die aarde het sy vrugte gedra.**

Jakobus gebruik die voorbeeld van Elia om die krag en doeltreffendheid van gebed te illustreer, en beklemtoon dat Elia, ten spyte van sy buitengewone ervarings, 'n gewone mens was met 'n soortgelyke menslike natuur as enigiemand anders.

Aard van Elia se gebed : Jakobus beklemtoon dat Elia se doeltreffendheid in gebed nie te danke was aan die vurigheid van sy petisies alleen nie, maar omdat hy konsekwent en in ooreenstemming met God se wil gebid het (aanhaling 2). Die frase "het ernstig gebid" (Grieks: proseuche proseuxato) beklemtoon Elia se volharding en toewyding aan gebed, wat dit 'n sentrale deel van sy interaksie met God maak (aanhaling 3).

Invloed deur gebed : Elia se gebede het God se optrede beïnvloed, veral in die uitvoering van Sy verordeninge, soos om reën te bring na 'n droogte (1 Konings 17:1; 18:1, 41-45). Dit demonstreer dat gebed gelowiges toelaat om aan God se planne deel te neem en sekere uitkomste volgens Sy wil te beïnvloed (aanhaling 4).

Om God se wil te verstaan : Jakobus beklemtoon die belangrikheid daarvan om God se wil in gebed te ken en in lyn te bring. Effektiewe gebed is geworteld in die verstaan van God se voornemens en beloftes, wat 'n stewige grondslag vir gelowige gebede bied (aanhaling 5).

Jakobus gebruik Elia as voorbeeld om gelowiges aan te moedig om konsekwent en in ooreenstemming met God se wil te bid. Hierdie benadering beklemtoon die potensiaal vir alle gelowiges, deur middel van regverdige lewe en gebed, om God se ingryping en invloed in hul lewens en omstandighede te sien.

Jakobus gebruik die voorbeeld van Elia om die betekenisvolle impak van gebed en die belyning daarvan met God se voornemens uit te lig. Hier is 'n opsomming en besinning oor die punte wat gemaak is:

Gebed as samewerking met God : Die begrip dat gebed 'n belangrike manier is om met God saam te werk, strook met Sy genadige karakter. God begeer om Sy kinders te betrek by die verwesenliking van Sy planne, sodat gelowiges aktief kan deelneem deur middel van voorbidding (aanhaling 2).

Elia se Voorbeeld : Jakobus kontrasteer Elia se benadering met die behoefte aan 'n vreedsame oplossing deur gebed en onderwerping aan God se wil (aanhaling 3). Elia se lewe illustreer hoe gebed transformerende uitkomste kan bewerkstellig, wat God se reaksie op Sy mense se versoeke ten toon stel.

Interpretasie van Jakobus 5:13-18 : Terwyl sommige interpretasies suggereer dat Jakobus spesifiek na moedeloosheid of depressie verwys eerder as fisiese genesing, ondersteun die konteks 'n breër toepassing. Die Griekse terme wat gebruik word vir "siek" en "genees" in Jakobus 5:14-16 verwys tipies na fisiese kwale, en daar is geen kontekstuele aanduiding wat dit beperk tot sielkundige toestande nie (aanhaling 4). Jakobus gebruik waarskynlik die voorbeeld van siekte om die krag van gebed uit te lig, en moedig gelowiges aan om te bid vir diegene wat sukkel as gevolg van sonde-geïnduseerde siekte en om geduld in hul eie lewens te kweek.

Jakobus moedig gelowiges aan om vurig in gebed betrokke te raak, die krag daarvan om God se wil te bewerkstellig te verstaan en aktief by te dra tot Sy verlossingsdoelwitte. Dit sluit aan by 'n breër Bybelse narratief waar gebed uitgebeeld word as 'n lewensbelangrike kanaal waardeur God met Sy mense in wisselwerking tree en Sy planne uitvoer.

5:19 **My broers, as iemand onder julle van die waarheid afdwaal en iemand bring hom terug,**

Jakobus sluit sy brief af deur die herstel van 'n broer of suster aan te spreek wat van die geloof afgedwaal het. Hierdie laaste afdeling som sy leringe in Hoofstuk 5 op. Dit is 'n algemene riglyn vir enige gelowige wat dalk wankel het op verskeie gebiede wat regdeur die boek aangespreek word.

Herstel van die dwaling : Jakobus beklemtoon dat dit die plig en voorreg van elke gelowige is, nie net die ouderlinge of leiers in die kerk nie, om 'n medegelowige by te staan wat van koers afgewyk het (Jakobus 5:19). Hierdie daad van herstel word binne die breër konteks van gebed geraam, wat die onderlinge verband van gebed en geestelike ondersteuning in die Christelike gemeenskap beklemtoon (vgl. Esegiël 33:1-9; Galasiërs 6:1).

Toepassing op ander foute : James spreek spesifiek die geestelike herstel van diegene wat afgedwaal het aan. Sy instruksies kan egter wyer toegepas word op enigiemand wat dalk gestruikel het op ander gebiede wat vroeër in die sendbrief bespreek is. Dwarsdeur James se brief spreek hy kwessies aan soos begunstiging, geloof en werke, om die tong te tem en om volgens God se wysheid te lewe. Die beginsels van regstelling, biddende ondersteuning en die belangrikheid van terugkeer na God se weë is van toepassing op verskeie aspekte van Christelike lewe.

Jakobus se slotopmerkings beklemtoon die belangrikheid daarvan om geestelike waaksaamheid te handhaaf, mekaar in geloof te ondersteun en aktief deel te neem aan die herstel van diegene wat afgedwaal het. Hierdie benadering bevorder 'n gesonde en ondersteunende Christelike gemeenskap. Dit weerspieël die kernwaardes van vergifnis, genade en toewyding om getrou volgens God se wil te lewe.

5:20 **laat hom weet dat elkeen wat 'n sondaar uit sy omswerwing terugbring, sy siel van die dood sal red en baie sondes sal bedek.**

Jakobus sluit sy brief af deur die herstel van 'n teruggeval gelowige aan te spreek, en beklemtoon die omvattende aard van geestelike verlossing en vergifnis binne die Christelike gemeenskap.

Siel gered van die dood : Jakobus gebruik die term "siel" om die hele persoon te omvat, soortgelyk aan sy gebruik elders in die sendbrief (Jakobus 1:21). Die frase "gered van die dood" verwys na tydelike vernietiging eerder as ewige verdoemenis (vgl. 1 Korintiërs 3:15; 1 Johannes 5:16). Dit beklemtoon die herstel en redding van die gelowige wat van die pad van geloof afgedwaal het. Die afvallige se baie sondes word vergewe en bedek deur bekering en geestelike herstel, met behulp van Ou-Testamentiese beelde waar vergifnis dikwels beskryf word as om sonde te bedek.

Praktiese oplossings vir geestelike probleme : Dwarsdeur sy brief spreek Jakobus vyf praktiese uitdagings aan wat gelowiges teëkom wanneer hulle hul geloof probeer uitleef: beproewinge, partydigheid, spraak, konflikte en geld.

Hy identifiseer hierdie kwessies, delf in die onderliggende oorsake daarvan, identifiseer kompliserende faktore en skryf remedies voor om dit te oorkom. James se benadering is soortgelyk aan 'n bekwame geneesheer wat kwale diagnoseer en behandeling aanbied om geestelike volwassenheid onder sy lesers te bevorder.

Blywende relevansie : Die praktiese aard van Jakobus se leringe en sy insiggewende analise en oplossingsvoorskrif het bygedra tot hierdie brief se blywende gewildheid en tydlose waarde in Christelike bediening. Deur werklike kwessies met geestelike diepte en praktiese wysheid aan te spreek, bied Jakobus 'n raamwerk vir gelowiges om in geloof te groei, uitdagings met wysheid te hanteer en 'n gemeenskap te bevorder wat gekenmerk word deur genade, vergifnis en geestelike groei.

Jakobus se brief spreek spesifieke praktiese probleme aan wat gelowiges in die gesig staar. Dit bied blywende beginsels en oplossings wat gewortel is in geloof, wysheid en geestelike volwassenheid. Die relevansie daarvan strek oor eeue en resoneer met gelowiges wat probeer om die uitdagings van die lewe te navigeer terwyl hulle getrou bly aan God se wil en leringe.

Hoofstuk 5 Opsomming

Waarskuwing aan die ryk onderdrukkers (Jakobus 5:1-6): Jakobus waarsku die ryk onderdrukkers wat die armes uitgebuit het, streng. Hy veroordeel hul luukse leefstyl en die onregte wat hulle pleeg, insluitend die weerhouding van billike lone van arbeiders wat hul landerye sny. Jakobus profeteer oordeel oor hulle, en beklemtoon dat hulle rykdom uiteindelik in die laaste dae teen hulle sal korrodeer en teen hulle sal getuig.

Geduld in lyding (Jakobus 5:7-12): Jakobus moedig gelowiges aan om geduldig te wees in die aangesig van lyding en swaarkry, net soos boere geduldig op die oes wag. Hy spoor hulle aan om hulle harte te versterk, want die koms van die Here is naby . James raai aan om te brom en ede te sweer, maar pleit eerder vir reguit spraak wat gewortel is in eerlikheid en integriteit.

Die krag van gebed (Jakobus 5:13-18): Jakobus beklemtoon die belangrikheid en doeltreffendheid van gebed in verskeie situasies. Hy moedig diegene wat swaarkry aan om te bid en diegene wat vrolik is om lofsange te sing. Jakobus spreek spesifiek die siekes aan en gee hulle opdrag om die kerk se ouderlinge te roep om oor hulle te bid en hulle met olie in die Naam van die Here te salf. Hy beklemtoon die krag van vurige gebede en noem Elia as 'n regverdige man wie se gebede betekenisvolle resultate gebring het, veral in reën en droogte.

Herstel van die dwalende gelowige (Jakobus 5:19-20): Jakobus sluit sy brief af deur die verantwoordelikheid van gelowiges aan te spreek om diegene wat van die waarheid afgedwaal het, te herstel. Hy beklemtoon hoe belangrik dit is om die verdwaalde broer of suster terug te bring. Hy herinner hulle daaraan dat so 'n daad 'n menigte sondes bedek. Jakobus beklemtoon om mekaar liefdevol te lei tot getrouheid, die vervulling van Christus se wet.

Temas in Jakobus Hoofstuk 5:

- **Sosiale Geregtigheid en Deernis:** James kritiseer die onderdrukking van die armes deur die rykes en vra vir geregtigheid en regverdige behandeling.
- **Geduld en volharding:** Gelowiges word aangemoedig om beproewinge geduldig te verduur, en wag op die Here se koms met standvastige geloof.
- **Die krag van gebed:** Gebed word aangebied as 'n kragtige hulpmiddel in beide persoonlike en gemeenskaplike kontekste, wat die doeltreffendheid daarvan in genesing en geestelike herstel demonstreer.
- **Gemeenskapsverantwoordelikheid:** Gelowiges is verantwoordelik vir mekaar se geestelike welstand, insluitende biddende ondersteuning en liefdevolle herstel van diegene wat afgedwaal het.

Sleutel wegneemetes:

- Jakobus beklemtoon die behoefte aan opregte geloof wat uitgedruk word deur werke van deernis en

geregtigheid.
- Die hoofstuk beklemtoon die rol van gebed in die soeke na God se ingryping en genesing.
- Herstel en versoening binne die Christelike gemeenskap is noodsaaklik om die geloof uit te leef.

Jakobus hoofstuk 5 bied praktiese leiding oor sosiale geregtigheid, volharding in lyding, die krag van gebed en die verantwoordelikheid van gelowiges om mekaar in liefde en waarheid te herstel. Dit word afgesluit met 'n oproep tot 'n getroue lewe, in afwagting van die Here se wederkoms.

Hoofstuk 5 Gebed

Hemelse Vader,

Ons kom voor jou met harte gevul met dankbaarheid vir jou teenwoordigheid in ons lewens. Dankie vir die wysheid en leiding in u Woord, veral in die woorde van Jakobus hoofstuk 5. Terwyl ons nadink oor hierdie leringe, Here, word ons herinner aan die belangrikheid van geloof, geduld en gebed in ons daaglikse wandel met U.

Vader, ons lig diegene onder ons op wat beproewinge en ontberings in die gesig staar. Gee hulle die krag om te volhard, met die wete dat U naby is en dat u planne altyd ten goede is. Help ons om geduldig te wees, soos die boer wat wag vir die kosbare vrugte van die aarde, met vertroue op u perfekte tydsberekening.

Ons bid vir diegene wat siek is onder ons, beide fisies en geestelik. Mag hulle genesing en herstel vind deur u magtige krag. Ons vra u wysheid oor die ouderlinge van ons kerk terwyl hulle oor die siekes bid en hulle met olie salf. Mag jou genesende aanraking vertroosting en vernuwing bring vir diegene in nood.

Here, ons bely ons sondes voor U, met die wete dat u vergifnis 'n menigte verkeerde dinge dek. Help ons om lewens van integriteit en eerlikheid te lei, en om opreg en liefdevol met mekaar te praat. Lei ons in ons verhoudings sodat ons vinnig kan wees om te vergewe en gretig kan wees om diegene te herstel wat van die waarheid afgedwaal het.

Vader, ons dank U vir die voorreg van gebed, met die wete dat dit deur gebed is dat ons met U saamwerk in u goddelike doeleindes. Mag ons gebede vurig en effektief wees, met vertroue in u krag om wonderbaarlike veranderinge in ons lewens en wêreld teweeg te bring.

Ten slotte, Here, help ons om waaksaam en getrou te wees terwyl ons wag op die koms van u Seun, Jesus Christus. Hou ons standvastig in ons geloof, gevul met hoop en verwagting van u heerlike wederkoms.

In Jesus se Naam bid ons,

Amen.

Hoofstuk 5 Vrae

Wat leer Jakobus aangaande rykdom en die tydelike aard daarvan?

Wat sê Jakobus oor die arbeiders se lone wat teruggehou is?

Hoe bemoedig Jakobus gelowiges wat ly?

Wat beklemtoon Jakobus oor geduld in lyding?

Wat beveel Jakobus diegene wat ly om te doen?

Wat is die belofte wat verband hou met die gebed van geloof?

Watter voorbeeld gee Jakobus om die krag van gebed toe te lig?

Wat gee Jakobus gelowiges opdrag om te doen as iemand van die waarheid afdwaal?

Wat sê Jakobus oor die sweer van ede?

Hoe beskryf Jakobus die effektiewe gebed van 'n regverdige persoon?

Wat sê Jakobus oor murmurering teen mekaar?

Wat sê Jakobus oor diegene wat in weelde en selfbevrediging geleef het?

Wat sê Jakobus oor die gebed wat in geloof aangebied word?

Watter voorbeeld uit die Ou Testament gebruik Jakobus om sy onderrig oor gebed te illustreer?

Hoe beskryf Jakobus die koms van die Here?

Wat sê Jakobus oor die rykes wat ander onderdruk?

Watter opdrag gee Jakobus aangaande ede?

Wat sê Jakobus oor die belydenis van sondes aan mekaar?

Wat is die belofte verbonde daaraan om 'n swerwer van die waarheid terug te bring?

Wat is die oorkoepelende tema van Jakobus hoofstuk 5?

Boek van James Opsomming

Die boek Jakobus, toegeskryf aan Jakobus, die broer van Jesus, is 'n praktiese en leersame brief wat verskeie kwessies aanspreek wat vroeë Christene in die gesig gestaar het. Hier is 'n gedetailleerde opsomming:

Inleiding (Jakobus 1:1): Jakobus stel homself voor as 'n dienaar van God en van die Here Jesus Christus, met die klem op nederigheid en sy gesag as 'n leier in die vroeë kerk.

Volharding en volwassenheid (Jakobus 1:2-18): Jakobus moedig gelowiges aan om beproewinge te beskou as geleenthede vir groei in geloof en uithouvermoë. Hy leer dat God ruimhartig wysheid gee aan diegene wat in geloof vra en waarsku om dubbelhartig te wees.

Hoor en doen die Woord (Jakobus 1:19-27): Jakobus beklemtoon gehoorsaamheid aan God se Woord. Hy kontrasteer ware godsdiens, die versorging van weduwees en weeskinders en hou jouself onbevlek van die wêreld, met blote godsdienstige rituele.

Gunsteling en geloof (Jakobus 2:1-26): Jakobus veroordeel partydigheid en begunstiging binne die kerk, en herinner gelowiges daaraan dat ware geloof deur dade bewys word. Hy gebruik voorbeelde soos die behandeling van die rykes en armes en die voorbeeld van Abraham om geloof wat werk te illustreer.

Om die tong te tem (Jakobus 3:1-12): Jakobus spreek die krag van die tong aan, waarsku teen die potensiaal daarvan om skade aan te doen en spoor gelowiges aan om dit te gebruik vir seën en nie om te vloek nie. Hy vergelyk die tong met 'n klein roer wat 'n skip rig.

Wysheid van Bo (Jakobus 3:13-18): Jakobus kontrasteer aardse wysheid, gekenmerk deur jaloesie en selfsugtige ambisie, met wysheid van bo, wat rein, vredeliewend, sagmoedig en barmhartig is. Hy moedig gelowiges aan om wysheid deur nederigheid na te streef.

Waarskuwing teen wêreldsheid (Jakobus 4:1-17): Jakobus konfronteer wêreldse gesindhede soos selfsugtige ambisie, rusies en begeertes. Hy roep gelowiges op om hulleself voor God te verootmoedig, die duiwel te weerstaan en tot God te nader deur bekering en onderwerping.

Onderdrukking aan die kaak stel en God vertrou (Jakobus 5:1-12): Jakobus veroordeel die rykes wat die armes onderdruk en lone terughou. Hy dring aan op geduld en volharding in lyding, en beklemtoon die komende oordeel en die behoefte om op God se geregtigheid te vertrou.

Die krag van gebed (Jakobus 5:13-20): Jakobus beklemtoon die belangrikheid van gebed in tye van lyding, siekte en vreugde. Hy moedig aan om sondes aan mekaar te bely, om te bid vir genesing en om diegene te herstel wat van die waarheid afdwaal.

Gevolgtrekking (Jakobus 5:19-20): Jakobus sluit af deur gelowiges aan te spoor om diegene terug te bring wat van die waarheid afgedwaal het, wetende dat dit siele sal red en baie sondes sal bedek.

Temas:

- **Geloof en Werke:** Jakobus leer dat ware geloof in Christus bewys word deur 'n lewe van gehoorsaamheid en goeie werke.
- **Wysheid:** Hy beklemtoon die belangrikheid daarvan om daagliks God se wysheid te soek en toe te pas.
- **Tongbeheer:** Die krag van spraak en sy potensiaal vir goed of skade is 'n herhalende tema.
- **Nederigheid en onderdanigheid:** Jakobus roep gelowiges op om hulleself voor God te verootmoedig en aan Sy wil te onderwerp.
- **Geregtigheid en sorg vir ander:** Hy pleit vir geregtigheid, sorg vir die gemarginaliseerdes en etiese behandeling van ander.
- **Uithouvermoë en geduld:** In die lig van beproewinge en lyding moedig Jakobus uithouvermoë en geduld aan,

wetende dat God diegene beloon wat volhard.

Die boek van Jakobus is 'n praktiese gids vir Christelike lewe, wat fokus op ware geloof, wyse gedrag en die belangrikheid daarvan om 'n mens se oortuigings uit te leef deur aksies wat God eer en ander bevoordeel.

DEEL 3: Toets jou kennis

<u>Waar of Vals Vrae</u>

Waar of Onwaar: Jakobus, die skrywer van die brief, identifiseer homself as die broer van Jesus.

Waar of Onwaar: Volgens Jakobus moet beproewings en toetsing as vreugde gereken word omdat dit uithouvermoë en volwassenheid voortbring.

Waar of Onwaar: Jakobus leer dat God mense met bose begeertes versoek om hulle geloof te toets.

Waar of Onwaar: Jakobus waarsku daarteen om bloot na die woord te luister sonder om te doen wat dit sê, om dit te vergelyk met om na jouself in 'n spieël te kyk en jou voorkoms te vergeet.

Waar of Onwaar: Jakobus argumenteer dat geloof sonder werke dood is, en gebruik die voorbeeld van Abraham wat Isak aangebied het as bewys dat geloof deur dade getoon word.

Waar of Onwaar: Jakobus veroordeel begunstiging wat aan die rykes in kerklike byeenkomste gewys word en dring daarop aan om alle mense gelyk te behandel.

Waar of Onwaar: Volgens Jakobus is die tong 'n klein deel van die liggaam maar kan dit met groot dinge spog en die hele loop van 'n mens se lewe aan die brand steek.

Waar of Onwaar: Jakobus leer dat aardse wysheid tot vrede en harmonie onder gelowiges lei.

Waar of Onwaar: Jakobus moedig gelowiges aan om die duiwel te weerstaan, tot God te nader en hulle harte te reinig, en waarsku teen dubbelhartigheid .

Waar of Onwaar: James kritiseer diegene wat spog met hul planne vir die toekoms sonder om God se wil te erken.

Waar of onwaar: James veroordeel ryk onderdrukkers wat rykdom opgegaar het ten koste van die betaling van billike lone aan hul werkers.

Waar of onwaar: Jakobus moedig geduld en volharding in lyding aan, deur die profete en Job as voorbeelde van volharding te gebruik.

Waar of Onwaar: Volgens James is die sweer van ede aanvaarbaar wanneer belangrike beloftes of verbintenisse gemaak word.

Waar of Onwaar: Jakobus leer dat gebed wat in geloof aangebied word, die siekes kan genees en hulle kan herstel, en moedig gelowiges aan om hulle sondes aan mekaar te bely vir genesing.

Waar of Onwaar: Jakobus sê dat Elia 'n man was met 'n natuur soos ons s'n, en beklemtoon die krag van sy gebede as 'n voorbeeld van effektiewe, vurige gebed.

Waar of Onwaar: Jakobus sluit sy brief af deur gelowiges aan te spoor om diegene wat van die waarheid afgedwaal het terug te bring en baie sondes deur liefde en vergifnis te bedek.

Waar of Onwaar: Jakobus beklemtoon dat aardse wysheid, gekenmerk deur afguns en selfsugtige ambisie, beter is as wysheid van bo, wat suiwer en vreedsaam is.

Waar of Onwaar: Jakobus moedig gelowiges aan om vinnig te luister, stadig om te praat en stadig om kwaad te word, en beklemtoon die belangrikheid daarvan om 'n mens se tong te beheer.

Waar of Onwaar: Volgens Jakobus sluit ware godsdiens in om vir weduwees en weeskinders om te sien en om jouself onbevlek van die wêreld te hou.

Waar of Onwaar: Jakobus leer dat iemand wat weet wat die goeie is wat hulle behoort te doen en dit nie doen nie, sondig.

<u>Meerkeusevrae</u>

Wat sê Jakobus moet die reaksie wees van gelowiges wat beproewinge in die gesig staar?

- A) Bitterheid
- B) Vreugde
- C) Wrok
- D) Onverskilligheid

Waarvoor moet 'n persoon volgens Jakobus vra as hy nie wysheid het nie?

- A) Geduld
- B) Rykdom
- C) Twyfel
- D) God se wysheid

Waarmee vergelyk Jakobus geloof sonder werke?

- A) 'n Dooie liggaam
- B) 'n Wolk sonder reën
- C) 'n Skaduwee in die nag
- D) 'n Vliegende oomblik

Jakobus waarsku daarteen om begunstiging teenoor wie te toon?

- A) Die armes
- B) Die rykes
- C) Bejaardes
- D) Die siekes

Wat sê James is 'n klein liggaamsdeel, maar spog met groot dinge?

- A) Die tong
- B) Die hart
- C) Die hand
- D) Die oog

Watter soort wysheid lei volgens Jakobus tot wanorde en elke bose praktyk?

- A) Aardse wysheid
- B) Hemelse wysheid
- C) Intellektuele wysheid
- D) Morele wysheid

Wat beveel Jakobus gelowiges om te doen in reaksie op lyding en moeilikheid?

- A) Soek wraak
- B) Tel dit alles vreugde
- C) Kla hard

- D) Skuil daarvan

Jakobus moedig gelowiges aan om daders van die woord te wees, nie net _____ nie.

- A) Hoorders
- B) Denkers
- C) Lesers
- D) Skrywers

Watter van die volgende sê Jakobus moet nie uit dieselfde mond kom nie?

- A) Seën en vloek
- B) Prys en kritiseer
- C) Praat en luister
- D) Onderrig en leer

Waarmee vergelyk Jakobus die lewe van die rykes?

- A) 'n Verbygaande briesie
- B) 'n Verwelkende blom
- C) 'n Brullende leeu
- D) 'n Vlugtige skaduwee

Wat sê Jakobus is die bron van rusies en konflikte onder gelowiges?

- A) Afguns en selfsugtige ambisie
- B) Gebrek aan gebed
- C) Swak leierskap
- D) Onkunde van die Skrif

Jakobus leer dat die gebed van geloof wie sal red?

- A) Die rykes en magtiges
- B) Die regverdige en heilige
- C) Die siekes en ontsteldes
- D) Bejaardes en wyses

Wat sê Jakobus moet gedoen word vir iemand wat siek is onder die gelowiges?

- A) Hulle moet alleen bid
- B) Roep die ouderlinge van die kerk op om te bid en hulle met olie te salf
- C) Soek slegs mediese hulp
- D) Ignoreer hul siekte

Jakobus veroordeel diegene wat hul lewens beplan sonder om wie se wil te erken?

- A) Hulle eie
- B) Die regering s'n
- C) God s'n
- D) Die lot

Wat sê Jakobus is rein en onbesmette godsdiens voor God?

- A) Om jouself te weerhou van wêreldse plesier
- B) Besoek aan weeskinders en weduwees in hul nood
- C) Vas en bid daagliks
- D) Om mildelik aan die kerk te gee

Waarom moet gelowiges volgens Jakobus stadig wees om te praat en stadig om kwaad te word?

- A) Om nie ander aanstoot te gee nie
- B) Om wysheid en geregtigheid te kweek
- C) Om 'n vreedsame omgewing te handhaaf
- D) Om nederigheid en sagmoedigheid te demonstreer

James waarsku dat vriendskap met die wêreld wat is?

- A) Skadeloos
- B) Winsgewend
- C) Vyandskap met God
- D) 'n Teken van volwassenheid

Jakobus gee gelowiges opdrag om hulle aan God te onderwerp en wie te weerstaan?

- A) Die duiwel
- B) Hulle eweknieë
- C) Owerheidsyfers
- D) Hulle eie begeertes

Wat sê Jakobus is die uitkoms van geduld en volharding in lyding?

- A) Rykdom en voorspoed
- B) Geluk en vervulling
- C) Ewige lewe
- D) Kroon van die lewe

Volgens James, wat moet 'n persoon doen as hulle weet wat die goeie is wat hulle behoort te doen en dit nie doen nie?

- A) Bekeer en bely
- B) Soek vergifnis by God

- C) Bid vir krag
- D) Dit is vir hulle 'n sonde

<u>Vul-in-die-gaping-vrae</u>

Jakobus begin sy brief deur gelowiges aan te moedig om dit as suiwer __________ te beskou wanneer hulle ook al te doen kry met beproewings van baie soorte.

"Moenie net na die woord luister en julleself so bedrieg nie. __________ dit."

"Godsdiens wat God ons Vader as rein en onberispelik aanvaar, is dit: om in hulle nood na weeskinders en weduwees om te sien en om jouself te bewaar van __________."

"Maar die man wat aandagtig kyk na die volmaakte wet wat vryheid gee en aanhou om dit te doen, en nie vergeet wat hy gehoor het nie, maar dit doen—__________—hy sal geseënd wees in wat hy doen."

"Wat help dit, my broers, as iemand beweer dat hy geloof het, maar het geen __________ nie?"

"Jy sien dat 'n persoon geregverdig word deur wat hy doen en nie deur __________ alleen nie."

"Maar die wysheid wat uit die hemel kom, is eerstens __________."

"Onderwerp julle dan aan God. __________ en Hy sal van julle af vlug."

"Is enige een van julle in die moeilikheid? Hy moet __________."

" Bely dan julle sondes aan mekaar en __________."

"Die gebed van 'n regverdige is __________."

"Elia was 'n man net soos ons. Hy het ernstig gebid dat dit nie sou __________ nie, en dit het vir drie en 'n half jaar nie op die land gereën nie."

"My broers, as een van julle van die waarheid afdwaal en iemand bring hom terug, onthou dit: Elkeen wat 'n sondaar van die dwaling van sy weg afkeer, sal hom van __________ red."

"Bo alles, my broers, moenie sweer nie - nie by die hemel, aarde of enigiets anders nie. Laat julle 'Ja' __________ wees."

"Wees dan geduldig, broers, totdat die Here kom. Kyk hoe die boer __________."

"Die tong is ook 'n __________, 'n wêreld van boosheid tussen die dele van die liggaam."

"Jy het nie, want jy het nie __________ nie."

"Verneder julle voor die Here, en Hy sal __________."

"Maar die wysheid wat uit die hemel kom, is __________."

" Bely dan julle sondes voor mekaar en bid vir mekaar, sodat julle __________ kan wees."

<u>Kort Antwoord Vrae</u>

Wat sê Jakobus oor beproewinge en die doel daarvan?

Wat moet volgens Jakobus ons reaksie op God se woord wees?

Hoe beskryf Jakobus suiwer godsdiens?

Watter waarskuwing gee Jakobus oor die tong?

Hoe beskryf Jakobus geloof sonder dade?

Watter voorbeeld gebruik Jakobus om geloof en werke te illustreer?

Wat leer Jakobus oor vriendskap met die wêreld?

Hoe moet gelowiges volgens Jakobus konflikte en rusies hanteer?

Wat leer Jakobus oor geduld en volharding in beproewings?

Hoe beskryf Jakobus gebed?

Wat sê James oor spog oor die toekoms?

Hoe moet gelowiges volgens Jakobus die armes en rykes behandel?

Watter raad gee Jakobus oor die sweer van ede?

Hoe definieer Jakobus ware wysheid?

Wat sê Jakobus oor die rykes wat die armes onderdruk?

Hoe moet gelowiges volgens Jakobus reageer op sonde?

Hoe beskryf Jakobus die regte houding teenoor God se wet?

Wat sê Jakobus oor geloof en werke oor regverdigmaking?

Hoe moedig Jakobus gelowiges aan om lyding en beproewings te verduur?

Wat leer Jakobus oor die krag van gebed aangaande Elia?

Bibliografie

Adamson, JB, 1976. *Die brief van Jakobus* . Nuwe Internasionale Kommentaar op die Nuwe Testament-reeks. Grand Rapids: Wm. B. Eerdmans Publishing Co., herdruk uitg. 1984.

Alford, H., 1880-1884. *Die Griekse Testament* . 4 vols. Nuwe ed. Cambridge: Deighton, Bell en Co.

Barclay, W., 1964. *The Letters of James and Peter* . Die Daily Study Bible-reeks. 2de uitg. Edinburgh: Saint Andrew Press.

Barclay, W., 1964. *Nuwe Testamentiese Woorde* . Londen: SCM.

Baxter, JS, 1960. *Verken die boek* . Een vol. ed. Grand Rapids: Zondervan Publishing House, 1980.

Brooks, KL, 1962. *James—Belief in Action* . Leer jouself die Bybel reeks. Chicago: Moody Bible Institute.

Campbell, KD, 2017. Lament in James and its Significance for the Church. *Tydskrif van die Evangeliese Teologiese Vereniging* , 60(1), pp.125-38.

Carson, DA & Moo, DJ, 2005. *'n Inleiding tot die Nuwe Testament* . 2de uitg. Grand Rapids: Zondervan.

Cedar, PA, 1984. *James, 1, 2 Peter, Jude* . Die Communicator's Commentary-reeks. Waco: Woordeboeke.

Darby, JN, 1942. *Opsomming van die boeke van die Bybel* . Hersiene uitg. 5 vols. New York: Loizeaux Brothers Publishers.

Davids, PH, 1982. *Die brief van Jakobus* . Nuwe Internasionale Griekse Testament Kommentaar reeks. Grand Rapids: Wm. B. Eerdmans Publishing Co.

Guthrie, D., 1962. *Nuwe-Testamentiese Inleiding: Hebreërs tot Openbaring* . 2de uitg. herdruk. Londen: Tyndale Press.

Henry, M., 1961. *Kommentaar op die hele Bybel* . Een volume ed. Geredigeer deur Leslie F. Church. Grand Rapids: Zondervan Publishing Co.

Ice, TD, 1994. Dispensasionele Hermeneutiek. In: WR Willis & JR Master, eds. *Kwessies in Dispensasionalisme* . Chicago: Moody Press, pp.29-49.

Jamieson, R., Fausset, AR, & Brown, D., 1961. *Kommentaar prakties en verklarend oor die hele Bybel* . Herdruk ed. Grand Rapids: Zondervan Publishing House.

Josephus, F., 1866. *Die werke van Flavius Josephus* . Vertaal deur William Whiston. Londen: T. Nelson and Sons, herdruk ed. 1988. Peabody, Mass.: Hendrickson Uitgewers.

Ladd, GE, 1974. *'n Teologie van die Nuwe Testament* . Grand Rapids: Wm. B. Eerdmans Publishing Co., herdruk uitg. 1979.

Lenski, RCH, 1963. *Die interpretasie van die brief aan die Hebreërs en die brief van Jakobus* . Herdruk ed. Minneapolis: Augsburg Publishing House.

McGee, JV, 1983. *Deur die Bybel met J. Vernon McGee* . 5 vols. Pasadena, Kalifornië: Thru The Bible Radio; en Nashville: Thomas Nelson, Inc.

Moo, DJ, 1985. *The Letter of James* . Tyndale Nuwe Testament Kommentaar reeks. Grand Rapids: Wm. B. Eerdmans Publishing Co.

Morgan, GC, 1912. *Lewende boodskappe van die boeke van die Bybel* . 2 vols. New York: Fleming H. Revell Co.

Pentecost, JD, 1971. Die doel van die wet. *Bibliotheca Sacra* , 128(511), pp.227-33.

Ryrie, BK, 1959. *Bybelse Teologie van die Nuwe Testament* . Chicago: Moody Press.

Stott, JRW, 1964. *Basiese Inleiding tot die Nuwe Testament* . 1ste Amerikaanse uitgawe. Grand Rapids: Wm. B. Eerdmans Publishing Co.

Swindoll, CR, 2017. *Die Swindoll-studiebybel* . Carol Stream, Ill.: Tyndale House Publishers.

Tenney, MC, 1953. *Die Nuwe Testament: 'n Historiese en Analitiese Opname* . Grand Rapids: Wm. B. Eerdmans Publishing Co., herdruk uitg. 1957.

Thiessen, HC, 1943. *Inleiding tot die Nuwe Testament* . Grand Rapids: Wm. B. Eerdmans Publishing Co., herdruk uitg. 1962.

Wiersbe , WW, 1978. *Wees Volwasse* . BE Boeke reeks. Wheaton: Scripture Press Publications, Victor Books.

Winkler, ET, 1888. Kommentaar op die brief van Jakobus. In: A. Hovey, red. *'n Amerikaanse kommentaar op die Nuwe Testament* . Herdruk ed. Philadelphia: American Baptist Press.

Antwoordgids

Wat is die primêre rede waarom Jakobus sê gelowiges moet dit alles as vreugde beskou wanneer hulle verskeie beproewings in die gesig staar?

- Want die beproewing van hulle geloof bring volharding voort (Jakobus 1:2-3).

Wat is die uiteindelike resultaat daarvan om deursettingsvermoë sy werk te laat voltooi?

- Dat gelowiges volwasse en volkome kan wees, sonder gebrek aan niks (Jakobus 1:4).

Wat moet 'n gelowige doen as hulle wysheid kortkom?

- Hulle moet God vra, wat mildelik aan almal gee sonder om fout te vind, en dit sal aan hulle gegee word (Jakobus 1:5).

Hoe moet 'n gelowige vir wysheid vra?

- In geloof, sonder twyfel (Jakobus 1:6).

Wat gebeur met 'n persoon wat twyfel wanneer hulle vir wysheid vra?

- Hulle is soos 'n golf van die see wat deur die wind aangewaai en geslinger word, en hulle moet nie verwag om iets van die Here te ontvang nie (Jakobus 1:6-7).

Hoe word 'n persoon beskryf wat twyfel?

- Tweehartig en onstabiel in alles wat hulle doen (Jakobus 1:8).

Hoe moet gelowiges van nederige omstandighede hulle situasie beskou?

- Hulle moet trots wees op hulle hoë posisie (Jakobus 1:9).

Hoe moet die rykes hulle situasie beskou?

- Hulle moet trots wees op hulle vernedering, want hulle sal soos veldblomme verbygaan (Jakobus 1:10).

Watter analogie gebruik Jakobus om die tydelike aard van rykdom te beskryf?

- Die rykes sal verdwyn selfs terwyl hulle sake doen soos 'n skroeiende son 'n plant verdor en sy bloeisel val (Jakobus 1:11).

Wat word belowe aan diegene wat onder beproewing volhard?

- Hulle sal die kroon van die lewe ontvang wat die Here belowe het aan dié wat Hom liefhet (Jakobus 1:12).

Wat moet niemand sê wanneer hulle in die versoeking kom nie?

- "God versoek my," want God kan nie deur die bose versoek word nie, en Hy versoek ook nie enigiemand nie (Jakobus 1:13).

Hoe vind versoeking plaas, volgens Jakobus?

- Elke persoon word versoek wanneer hulle deur hul eie bose begeerte weggesleep en verlok word (Jakobus 1:14).

Wat is die voortgang van sonde wat in Jakobus 1:15 beskryf word?

- Begeerte word swanger en baar sonde; wanneer dit volwasse is, baar sonde die dood (Jakobus 1:15).

Waaroor moet gelowiges nie mislei word nie?

- Elke goeie en volmaakte gawe kom van bo af, wat neerdaal van die Vader van die hemelse ligte, wat nie soos wisselende skaduwees verander nie (Jakobus 1:16-17).

Hoe het God gekies om vir ons geboorte te gee?

- Deur die woord van waarheid kan ons die eerste vrugte wees van alles wat Hy geskep het (Jakobus 1:18).

Hoe moet gelowiges reageer op die aanhoor van die Woord van God?

- Hulle moet gou wees om te luister, stadig om te praat en stadig om kwaad te word (Jakobus 1:19).

Waarom moet gelowiges ontslae raak van alle morele vuilheid en boosheid?

- Omdat dit hulle vermoë belemmer om die Woord wat in hulle geplant is, wat hulle kan red, nederig te aanvaar (Jakobus 1:21).

Wat sê Jakobus oor bloot luister na die Woord?

- Moenie net na die Woord luister en julleself so mislei nie. Doen wat dit sê (Jakobus 1:22).

Hoe beskryf Jakobus iemand wat na die Woord luister, maar nie doen wat dit sê nie?

- Hulle is soos iemand wat na hul gesig in 'n spieël kyk en, nadat hulle na hulself gekyk het, weggaan en dadelik vergeet hoe hulle lyk (Jakobus 1:23-24).

Wat word belowe aan diegene wat aandagtig kyk na die volmaakte wet wat vryheid gee en daarin voortgaan?

- Hulle sal geseën word in wat hulle doen (Jakobus 1:25).

Hoofstuk 2 Antwoorde

Waarteen waarsku Jakobus in hoofstuk 2?

- Toon begunstiging of partydigheid op grond van uiterlike (Jakobus 2:1-4).

Hoe moet Christene volgens Jakobus die rykes en armes behandel?

- Met gelyke respek en liefde, sonder om begunstiging te toon (Jakobus 2:1-9).

Watter analogie gebruik Jakobus om die punt oor geloof en werke te illustreer?

- Hy vergelyk geloof sonder werke met om vir 'n honger persoon te sê: "Gaan in vrede, word warm en versadig," sonder om aan hulle fisiese behoeftes te voorsien (Jakobus 2:15-16).

Hoe beskryf Jakobus geloof sonder werke?

- Soos dooies (Jakobus 2:17).

Watter Ou-Testamentiese figuur gebruik Jakobus om geloof wat deur werke gedemonstreer word, te illustreer?

- Abraham, wat Isak op die altaar geoffer het (Jakobus 2:21-23).

Wie anders gebruik Jakobus as voorbeeld van geloof wat deur werke getoon word?

- Ragab, die prostituut, het die spioene weggesteek en haar gesin gered (Jakobus 2:25).

Wat argumenteer Jakobus oor geloof en werke?

- Dat geloof sonder werke ondoeltreffend is en nie kan red nie (Jakobus 2:14, 17, 26).

Hoe reageer Jakobus op iemand wat beweer dat hy geloof het, maar geen werke het nie?

- Hy daag hulle uit om hulle geloof deur dade te demonstreer (Jakobus 2:18).

Hoe is geloof en werke volgens Jakobus verbind?

- Geloof word deur werke gedemonstreer en voltooi (Jakobus 2:22).

Wat sê Jakobus oor die belangrikheid daarvan om die hele wet te gehoorsaam?

- Hy beweer dat die verbreking van een deel van die wet 'n persoon skuldig maak aan die oortreding van die hele wet (Jakobus 2:10-11).

Wat leer Jakobus oor barmhartigheid en oordeel?

- Daardie barmhartigheid seëvier oor oordeel (Jakobus 2:13).

Hoe daag Jakobus sy lesers uit oor hulle geloof?

- Hy daag hulle uit om hulle geloof deur dade en woorde te wys (Jakobus 2:18).

Watter voorbeeld gebruik Jakobus om die punt oor geloof en werke te beklemtoon?

- Die voorbeeld om klere en kos aan 'n behoeftige broer of suster te gee (Jakobus 2:15-16).

Watter soort geloof het demone volgens Jakobus?

- Hulle glo in God se bestaan en sidder, maar hulle geloof is nie reddende geloof nie (Jakobus 2:19).

Hoe beskryf Jakobus die wet van vryheid?

- Die koninklike wet beveel liefde vir ons naaste soos ons dit doen (Jakobus 2:8).

Wat sê Jakobus oor geloof wat werke ontbreek?

- Dat dit dood is (Jakobus 2:17).

Wat bedoel Jakobus met geregverdig word deur werke?

- Dat werke die bewys of vrug van opregte reddende geloof is (Jakobus 2:21-24).

Hoe moet gelowiges volgens Jakobus diegene behandel wat in hulle gemeente kom?

- Met gelyke respek en gasvryheid, ongeag hul rykdom of status (Jakobus 2:1-4).

Wat is die primêre boodskap wat Jakobus wil hê sy lesers moet verstaan oor geloof en werke?

- Daardie opregte geloof bring natuurlik goeie werke voort, sigbare bewys van 'n veranderde hart (Jakobus 2:14-26).

Hoe sluit Jakobus sy bespreking oor geloof en werke af?

Deur te bevestig dat geloof sonder werke dood is, en beklemtoon hoe belangrik dit is om geloof deur dade te demonstreer (Jakobus 2:26).

Hoofstuk 3 Antwoorde

Wat beklemtoon Jakobus as 'n deurslaggewende aspek van Christelike volwassenheid in Hoofstuk 3?

- Jakobus beklemtoon die belangrikheid daarvan om die tong te beheer.

Volgens James, hoekom moet 'n mens daarna streef om 'n onderwyser in die kerk te wees?

- Jakobus waarsku dat onderwysers strenger beoordeel sal word vir hulle woorde en dade (Jakobus 3:1).

Watter illustrasies gebruik Jakobus om die krag van die tong te illustreer?

- Jakobus vergelyk die tong met 'n bietjie in 'n perd se bek en 'n roer op 'n skip (Jak. 3:3-4).

Watter analogie gebruik Jakobus om te beskryf hoe die tong beduidende gevolge kan veroorsaak?

- Jakobus vergelyk die tong met 'n klein vonkie wat 'n bos aan die brand kan steek (Jak. 3:5-6).

Watter kontras trek Jakobus tussen die tong se vermoëns en sy potensiaal vir skade?

- Jakobus wys daarop dat terwyl die tong God kan loof, dit ook medemens kan vervloek, wat hy vergelyk met 'n fontein wat vars en bitter water voortbring (Jak. 3:9-12).

Watter soort wysheid is volgens Jakobus aards en demonies?

- Aardse wysheid word gekenmerk deur jaloesie, selfsugtige ambisie en wanorde (Jakobus 3:14-16).

Wat is die kenmerke van wysheid van bo, soos beskryf deur Jakobus?

- Wysheid van bo is rein, vredeliewend, sagmoedig, redelik, vol barmhartigheid en goeie vrugte, onpartydig en opreg (Jakobus 3:17).

Hoe verbind Jakobus wysheid met vredemaking ?

- Jakobus beweer dat diegene wat wys is, saad van vrede sal saai en 'n oes van geregtigheid sal maai (Jakobus 3:18).

Wat waarsku Jakobus oor die gevare van onbeheerde spraak?

- Jakobus waarsku dat 'n onbeheerste tong tot vernietigende uitkomste kan lei en moeilik is om te tem (Jakobus 3:7-8).

Watter geestelike beginsel beklemtoon Jakobus aangaande die tong se krag?

- Jakobus beklemtoon dat die tong, hoewel klein, die mag het om te rig en te beïnvloed soos 'n roer op 'n skip (Jak. 3:4-5).

Hoe gebruik Jakobus analogieë uit die natuur om sy punte oor die tong te illustreer?

- Jakobus vergelyk die tong met 'n bietjie in 'n perd se bek en 'n klein vonkie wat 'n bosbrand kan aansteek, wat die krag en potensiaal vir vernietiging uitlig (Jakobus 3:3-6).

Waarom waarsku James daarteen om 'n onderwyser te wees?

- Jakobus waarsku dat onderwysers strenger beoordeel sal word weens hul invloed en verantwoordelikheid om ander te lei (Jak. 3:1).

Wat is volgens Jakobus sommige kenmerke van aardse wysheid?

- Aardse wysheid word gekenmerk deur jaloesie, selfsugtige ambisie en wanorde (Jakobus 3:14-16).

Watter rol speel die tong in Jakobus se bespreking van geloof en optrede?

- Jakobus verbind die tong met die uitdrukking van geloof en die behoefte aan dade om met woorde in lyn te kom (Jakobus 3:9-12).

Hoe beskryf Jakobus die aard van die tong?

- Jakobus beskryf die tong as 'n klein maar kragtige liggaamsdeel wat kan seën en vervloek (Jakobus 3:5-10).

Watter raad gee Jakobus aan diegene wat daarna streef om onderwysers te wees?

- Jakobus raai aspirant-onderwysers aan om die gewig van hul verantwoordelikheid en die oordeel wat hulle in die gesig sal staar vir hul woorde en leringe te oorweeg (Jakobus 3:1).

Hoe verbind Jakobus wysheid met gedrag?

- Jakobus beklemtoon dat ware wysheid gedemonstreer word in woorde, optrede en gedrag wat goddelike beginsels weerspieël (Jak. 3:13-18).

Wat is volgens Jakobus die vrugte van wysheid van bo?

- Die vrugte van wysheid van bo sluit in geregtigheid, vrede, barmhartigheid en opregte besorgdheid oor ander (Jakobus 3:17-18).

Waarmee vergelyk Jakobus die tong met betrekking tot sy potensiaal vir skade en invloed?

- Jakobus vergelyk die tong met 'n klein vonkie wat 'n groot vuur kan aansteek, wat die potensiaal daarvan vir vernietigende krag beklemtoon (Jakobus 3:5-6).

Hoe hou Jakobus se onderrig oor die tong verband met breër temas van Christelike lewe?

- Jakobus se onderrig oor die tong beklemtoon die belangrikheid van integriteit, nederigheid en goddelike wysheid in spraak en gedrag, wat die Christelike oproep weerspieël om op 'n manier te lewe wat God eer en vrede bevorder (Jakobus 3:13-18).

Hoofstuk 4 Antwoorde

Wat veroorsaak konflikte en rusies onder mense, volgens Jakobus 4?

- Jakobus identifiseer konflikte as voortspruitend uit selfsugtige begeertes wat in individue stry.

Hoe beskryf Jakobus diegene wat vriende is met die wêreld?

- Jakobus beskryf hulle as vyande van God, wat aandui dat vriendskap met die wêreld vyandskap met God is.

Wat gee God volgens Jakobus aan die nederiges?

- God gee genade aan die nederiges (Jakobus 4:6).

Wat bedoel Jakobus met "reinig julle harte"?

- Jakobus beteken om ons innerlike gesindhede en motiewe van dubbelhartigheid en wêreldse begeertes te reinig.

Waarteen waarsku Jakobus in vers 11 oor om teen ander te praat?

- Jakobus waarsku daarteen om kwaad te praat of ander te oordeel, want dit stel jouself bo die wet en oordeel.

Hoe illustreer Jakobus die dwaasheid om oor toekomsplanne te spog sonder om God se soewereiniteit te erken?

- Jakobus gebruik die voorbeeld van handelaars wat oor hul planne spog sonder om God se beheer oor hul toekomstige uitkomste te erken.

Wat sê Jakobus oor die sonde van weglating in hoofstuk 4?

- Jakobus beklemtoon die sonde om te weet wat die regte ding is om te doen (erken God se soewereiniteit) maar om dit nie te doen nie.

Hoe sluit Jakobus sy argument oor onderwerping aan God af?

- Jakobus sluit af deur te beklemtoon dat versuim om aan God te onderwerp, selfs sonder openlike sonde, sondig is.

Watter spreekwoordelike stelling gebruik Jakobus om hoofstuk 4 af te sluit?

- Jakobus sluit af met die spreekwoordelike stelling: "Daarom, vir hom wat weet om goed te doen en dit nie doen nie, vir hom is dit sonde" (Jakobus 4:17).

Hoe beskryf Jakobus die regte houding wat Christene moet hê teenoor God se wil?

- Christene moet sê: "As die Here wil, sal ons lewe en dit of dat doen" (Jakobus 4:15), en erken God se soewereiniteit in hulle planne.

Wat spoor James sy lesers aan om te doen in plaas daarvan om mekaar te oordeel?

- Jakobus spoor sy lesers aan om hulle in nederigheid en liefde aan mekaar te onderwerp eerder as om oordeel te vel (Jakobus 4:12).

Volgens Jakobus, waarom word spog oor toekomsplanne sonder om God se soewereiniteit te erken as boos beskou?

- Dit word as boos beskou, want dit verhef jouself bo God se gesag en ontken afhanklikheid van Hom (Jakobus 4:16).

Watter rol speel nederigheid in Jakobus se leringe in hoofstuk 4?

- Nederigheid is sentraal in Jakobus se leringe, aangesien dit die onderwerping aan God behels, die weerstand van trots en die erkenning van ons afhanklikheid van Hom.

Hoe beskryf Jakobus die gevolge van vriendskap met die wêreld?

- Vriendskap met die wêreld maak 'n mens 'n vyand van God, aangesien dit wêreldse begeertes bo gehoorsaamheid aan God prioritiseer (Jakobus 4:4).

Wat leer Jakobus oor die belangrikheid daarvan om aan God se wil te onderwerp?

- Jakobus leer dat om aan God se wil te onderwerp, behels om die duiwel te weerstaan, tot God te nader en 'n mens se hart te reinig (Jakobus 4:7-8).

Waarom beklemtoon Jakobus die bondigheid en onsekerheid van die lewe?

- Jakobus beklemtoon dit om die belangrikheid daarvan te beklemtoon om in ooreenstemming met God se wil te lewe en nie die toekoms te veronderstel nie (Jakobus 4:13-14).

Hoe illustreer Jakobus die verhouding tussen nederigheid en die ontvangs van genade?

- Jakobus leer dat God aan die nederiges genade gee, maar die hoogmoediges teëstaan (Jakobus 4:6).

Wat bedoel Jakobus met "suiwer julle harte"?

- Om jou hart te reinig behels die reiniging van jou motiewe en innerlike begeertes, om dit in lyn te bring met God se wil eerder as selfsugtige ambisies (Jakobus 4:8).

Hoe gebruik Jakobus Ou-Testamentiese verwysings om sy leringe oor nederigheid en onderdanigheid aan God te ondersteun?

- Jakobus verwys na Ou-Testamentiese gedeeltes oor God se jaloesie en teenkanting teen hoogmoediges om die belangrikheid van nederigheid en onderdanigheid uit te lig (Jak. 4:5-6).

Watter praktiese raad gee Jakobus vir die lewe volgens God se wil in hoofstuk 4?

- Jakobus raai sy lesers aan om hulle aan God te onderwerp, die duiwel te weerstaan, tot God te nader deur gebed en bekering, en hulle daarvan te weerhou om kwaad te spreek teen ander (Jakobus 4:7-12).

Hoofstuk 5 Antwoorde

Wat leer Jakobus aangaande rykdom en die tydelike aard daarvan?

- Jakobus waarsku die rykes om te huil en te huil oor die ellende wat oor hulle gaan kom, want hulle rykdom sal vergaan en hulle rykdom sal verteer (Jak. 5:1-3).

Wat sê Jakobus oor die arbeiders se lone wat teruggehou is?

- Jakobus veroordeel die rykes wat die loon van hulle arbeiders terughou, en verklaar dat hulle geroep die ore van die Here van Sabaoth bereik het (Jakobus 5:4).

Hoe bemoedig Jakobus gelowiges wat ly?

- Jakobus moedig hulle aan om geduldig te wees, soos die boer wat wag op die kosbare vrugte van die aarde, en om hulle harte te vestig, want die koms van die Here is naby (Jak. 5:7-8).

Wat beklemtoon Jakobus oor geduld in lyding?

- Jakobus beklemtoon dat gelowiges nie teen mekaar moet mor nie, maar geduldig moet wees, soos die profete wat in die Naam van die Here gespreek het (Jak. 5:9).

Wat beveel Jakobus diegene wat ly om te doen?

- Jakobus gee hulle opdrag om te bid. Hy moedig hulle aan om lofsange te sing as hulle vrolik is en om die kerk se ouderlinge op te roep om oor hulle te bid en hulle in die Naam van die Here met olie te salf (Jakobus 5:13-14).

Wat is die belofte wat verband hou met die gebed van geloof?

- Jakobus belowe dat die gebed van geloof die siekes sal red, en die Here sal hulle opwek. Hy verseker ook dat hulle vergewe sal word as hulle sondes gepleeg het (Jakobus 5:15).

Watter voorbeeld gee Jakobus om die krag van gebed toe te lig?

- Jakobus gebruik Elia as 'n voorbeeld en beklemtoon hoe Elia ernstig gebid het dat dit nie sou reën nie, en dit het vir drie en 'n half jaar nie gereën nie. Toe het hy weer gebid, en die hemel het reën gegee (Jakobus 5:17-18).

Wat gee Jakobus gelowiges opdrag om te doen as iemand van die waarheid afdwaal?

- Jakobus gee gelowiges opdrag om die een wat van die waarheid afdwaal, terug te bring, wetende dat elkeen wat 'n sondaar van dwaalweg terugbring, sy siel van die dood sal red en baie sondes sal bedek (Jakobus 5:19-20).

Wat sê Jakobus oor die sweer van ede?

- Jakobus raai gelowiges aan om nie te sweer nie, hetsy by die hemel of by die aarde, maar om hulle "ja" ja te laat wees en hulle "nee" nee, sodat hulle nie in die oordeel val nie (Jak. 5:12).

Hoe beskryf Jakobus die effektiewe gebed van 'n regverdige persoon?

- Jakobus beskryf dit as kragtig en effektief, en bevestig dat die vurige gebed van 'n regverdige groot krag het terwyl dit werk (Jakobus 5:16).

Wat sê Jakobus oor murmurering teen mekaar?

- Jakobus waarsku daarteen om teen mekaar te mor, en moedig gelowiges aan om geduldig te wees tot die koms van die Here (Jakobus 5:9).

Wat sê Jakobus oor diegene wat in weelde en selfbevrediging geleef het?

- Jakobus veroordeel diegene wat in weelde en selfbevrediging geleef het, en waarsku hulle teen die ellende wat op hulle wag weens hul onderdrukking en uitbuiting van ander (Jakobus 5:5).

Wat sê Jakobus oor die gebed wat in geloof aangebied word?

- Jakobus verseker dat die gebed wat in geloof gedoen word, die siekes sal red en dat die Here hulle sal oprig; ook, as hulle sondes gepleeg het, sal hulle vergewe word (Jakobus 5:15).

Watter voorbeeld uit die Ou Testament gebruik Jakobus om sy onderrig oor gebed te illustreer?

- Jakobus gebruik Elia as 'n voorbeeld van 'n regverdige persoon wie se gebed kragtig en effektief was, wat betekenisvolle resultate teweeggebring het (Jakobus 5:17-18).

Hoe beskryf Jakobus die koms van die Here?

- Jakobus beskryf dit as naby, en spoor gelowiges aan om geduldig te wees en om hul harte te vestig in die aangesig van lyding en beproewinge (Jak. 5:7-8).

Wat sê Jakobus oor die rykes wat ander onderdruk?

- Jakobus veroordeel die rykes wat ander onderdruk en hulle loon terughou, en waarsku hulle teen die naderende oordeel en ellende wat op hulle wag (Jak. 5:1-6).

Watter opdrag gee Jakobus aangaande ede?

- Jakobus beveel gelowiges om nie by die hemel, aarde of enige ander eed te sweer nie, maar om hul ja en nee ja te laat wees om te verhoed dat hulle in die oordeel val (Jakobus 5:12).

Wat sê Jakobus oor die belydenis van sondes aan mekaar?

- Jakobus gee gelowiges opdrag om hulle sondes aan mekaar te bely en te bid dat mekaar genees word, en beklemtoon die belangrikheid van gebed en wedersydse ondersteuning (Jakobus 5:16).

Wat is die belofte verbonde daaraan om 'n swerwer van die waarheid terug te bring?

- Jakobus belowe dat elkeen wat 'n sondaar van dwaling terugbring, sy siel van die dood sal red en baie sondes sal bedek (Jakobus 5:20).

Wat is die oorkoepelende tema van Jakobus hoofstuk 5?

- Die oorkoepelende tema is die oproep tot geduld, gebed en volharding in die aangesig van lyding en beproewings, met die fokus op God se komende oordeel en die belangrikheid van regverdige lewe.

Toets jou kennis antwoorde

<u>**Waar of Vals Vrae**</u>

Waar of Onwaar: Jakobus, die skrywer van die brief, identifiseer homself as die broer van Jesus.
Antwoord: Waar (Jakobus 1:1)

Waar of Onwaar: Volgens Jakobus moet beproewings en toetsing as vreugde gereken word omdat dit uithouvermoë en volwassenheid voortbring.
Antwoord: Waar (Jakobus 1:2-4)

Waar of Onwaar: Jakobus leer dat God mense met bose begeertes versoek om hulle geloof te toets.
Antwoord: Onwaar (Jakobus 1:13)

Waar of Onwaar: Jakobus waarsku daarteen om bloot na die woord te luister sonder om te doen wat dit sê, om dit te vergelyk met om na jouself in 'n spieël te kyk en jou voorkoms te vergeet.
Antwoord: Waar (Jakobus 1:22-24)

Waar of Onwaar: Jakobus argumenteer dat geloof sonder werke dood is, en gebruik die voorbeeld van Abraham wat Isak aangebied het as bewys dat geloof deur dade getoon word.
Antwoord: Waar (Jakobus 2:21-24)

Waar of Onwaar: Jakobus veroordeel begunstiging wat aan die rykes in kerklike byeenkomste gewys word en dring daarop aan om alle mense gelyk te behandel.
Antwoord: Waar (Jakobus 2:1-9)

Waar of Onwaar: Volgens Jakobus is die tong 'n klein deel van die liggaam maar kan dit met groot dinge spog en die hele loop van 'n mens se lewe aan die brand steek.
Antwoord: Waar (Jakobus 3:5-6)

Waar of Onwaar: Jakobus leer dat aardse wysheid tot vrede en harmonie onder gelowiges lei.
Antwoord: Onwaar (Jakobus 3:14-16)

Waar of Onwaar: Jakobus moedig gelowiges aan om die duiwel te weerstaan, tot God te nader en hulle harte te reinig, en waarsku teen dubbelhartigheid .
Antwoord: Waar (Jakobus 4:7-8)

Waar of Onwaar: Jakobus kritiseer diegene wat spog met hul planne vir die toekoms sonder om God se wil te erken.
Antwoord: Waar (Jakobus 4:13-17)

Waar of onwaar: James veroordeel ryk onderdrukkers wat rykdom opgegaar het ten koste van die betaling van billike lone aan hul werkers.
Antwoord: Waar (Jakobus 5:1-6)

                    ANDREW J. LAMONT-TURNER

Waar of onwaar: Jakobus moedig geduld en volharding in lyding aan, deur die profete en Job as voorbeelde van volharding te gebruik.

Antwoord: Waar (Jakobus 5:7-11)

Waar of Onwaar: Volgens James is die sweer van ede aanvaarbaar wanneer belangrike beloftes of verbintenisse gemaak word.

Antwoord: Onwaar (Jakobus 5:12)

Waar of Onwaar: Jakobus leer dat gebed wat in geloof aangebied word, die siekes kan genees en hulle kan herstel, en moedig gelowiges aan om hulle sondes aan mekaar te bely vir genesing.

Antwoord: Waar (Jakobus 5:13-16)

Waar of Onwaar: Jakobus sê dat Elia 'n man was met 'n natuur soos ons s'n, en beklemtoon die krag van sy gebede as 'n voorbeeld van effektiewe, vurige gebed.

Antwoord: Waar (Jakobus 5:17-18)

Waar of Onwaar: Jakobus sluit sy brief af deur gelowiges aan te spoor om diegene wat van die waarheid afgedwaal het terug te bring en baie sondes deur liefde en vergifnis te bedek.

Antwoord: Waar (Jakobus 5:19-20)

Waar of Onwaar: Jakobus beklemtoon dat aardse wysheid, gekenmerk deur afguns en selfsugtige ambisie, beter is as wysheid van bo, wat suiwer en vreedsaam is.

Antwoord: Onwaar (Jakobus 3:13-17)

Waar of Onwaar: Jakobus moedig gelowiges aan om vinnig te luister, stadig om te praat en stadig om kwaad te word, en beklemtoon die belangrikheid daarvan om 'n mens se tong te beheer.

Antwoord: Waar (Jakobus 1:19)

Waar of Onwaar: Volgens Jakobus sluit ware godsdiens in om vir weduwees en weeskinders om te sien en om jouself onbevlek van die wêreld te hou.

Antwoord: Waar (Jakobus 1:27)

Waar of Onwaar: Jakobus leer dat iemand wat weet wat die goeie is wat hulle behoort te doen en dit nie doen nie, sondig.

Antwoord: Waar (Jakobus 4:17)

<u>Meerkeusevrae</u>

Wat sê Jakobus moet die reaksie wees van gelowiges wat beproewinge in die gesig staar?

- A) Bitterheid
- B) Vreugde
- C) Wrok
- D) Onverskilligheid
- **Antwoord: B** (Jakobus 1:2)

Waarvoor moet 'n persoon volgens Jakobus vra as hy nie wysheid het nie?

- A) Geduld
- B) Rykdom
- C) Twyfel
- D) God se wysheid
- **Antwoord: D** (Jakobus 1:5)

Waarmee vergelyk Jakobus geloof sonder werke?

- A) 'n Dooie liggaam
- B) 'n Wolk sonder reën
- C) 'n Skaduwee in die nag
- D) 'n Vliegende oomblik
- **Antwoord: A** (Jakobus 2:26)

Jakobus waarsku daarteen om begunstiging teenoor wie te toon?

- A) Die armes
- B) Die rykes
- C) Bejaardes
- D) Die siekes
- **Antwoord: B** (Jakobus 2:1-4)

Wat sê James is 'n klein liggaamsdeel, maar spog met groot dinge?

- A) Die tong
- B) Die hart
- C) Die hand
- D) Die oog
- **Antwoord: A** (Jakobus 3:5)

Watter soort wysheid lei volgens Jakobus tot wanorde en elke bose praktyk?

- A) Aardse wysheid
- B) Hemelse wysheid
- C) Intellektuele wysheid
- D) Morele wysheid
- **Antwoord: A** (Jakobus 3:15)

Wat beveel Jakobus gelowiges om te doen in reaksie op lyding en moeilikheid?

- A) Soek wraak
- B) Tel dit alles vreugde
- C) Kla hard
- D) Skuil daarvan
- **Antwoord: B** (Jakobus 1:2-4)

Jakobus moedig gelowiges aan om daders van die woord te wees, nie net _____ nie.

- A) Hoorders
- B) Denkers
- C) Lesers

- D) Skrywers
- **Antwoord: A** (Jakobus 1:22)

Watter van die volgende sê Jakobus moet nie uit dieselfde mond kom nie?

- A) Seën en vloek
- B) Prys en kritiseer
- C) Praat en luister
- D) Onderrig en leer
- **Antwoord: A** (Jakobus 3:10)

Waarmee vergelyk Jakobus die lewe van die rykes?

- A) 'n Verbygaande briesie
- B) 'n Verwelkende blom
- C) 'n Brullende leeu
- D) 'n Vlugtige skaduwee
- **Antwoord: D** (Jakobus 1:10-11)

Wat sê Jakobus is die bron van rusies en konflikte onder gelowiges?

- A) Afguns en selfsugtige ambisie
- B) Gebrek aan gebed
- C) Swak leierskap
- D) Onkunde van die Skrif
- **Antwoord: A** (Jakobus 4:1-2)

Jakobus leer dat die gebed van geloof wie sal red?

- A) Die rykes en magtiges
- B) Die regverdige en heilige
- C) Die siekes en ontsteldes
- D) Bejaardes en wyses
- **Antwoord: C** (Jakobus 5:15)

Wat sê Jakobus moet gedoen word vir iemand wat siek is onder die gelowiges?

- A) Hulle moet alleen bid
- B) Roep die ouderlinge van die kerk op om te bid en hulle met olie te salf
- C) Soek slegs mediese hulp
- D) Ignoreer hul siekte
- **Antwoord: B** (Jakobus 5:14)

Jakobus veroordeel diegene wat hul lewens beplan sonder om wie se wil te erken?

- A) Hulle eie
- B) Die regering s'n
- C) God s'n
- D) Die lot
- **Antwoord: C** (Jakobus 4:13-15)

Wat sê Jakobus is rein en onbesmette godsdiens voor God?

- A) Om jouself te weerhou van wêreldse plesier
- B) Besoek aan weeskinders en weduwees in hul nood
- C) Vas en bid daagliks
- D) Om mildelik aan die kerk te gee
- **Antwoord: B** (Jakobus 1:27)

Waarom moet gelowiges volgens Jakobus stadig wees om te praat en stadig om kwaad te word?

- A) Om nie ander aanstoot te gee nie
- B) Om wysheid en geregtigheid te kweek
- C) Om 'n vreedsame omgewing te handhaaf
- D) Om nederigheid en sagmoedigheid te demonstreer
- **Antwoord: B** (Jakobus 1:19-20)

James waarsku dat vriendskap met die wêreld wat is?

- A) Skadeloos
- B) Winsgewend
- C) Vyandskap met God
- D) 'n Teken van volwassenheid
- **Antwoord: C** (Jakobus 4:4)

Jakobus gee gelowiges opdrag om hulle aan God te onderwerp en wie te weerstaan?

- A) Die duiwel
- B) Hulle eweknieë
- C) Owerheidsyfers
- D) Hulle eie begeertes
- **Antwoord: A** (Jakobus 4:7)

Wat sê Jakobus is die uitkoms van geduld en volharding in lyding?

- A) Rykdom en voorspoed
- B) Geluk en vervulling
- C) Ewige lewe
- D) Kroon van die lewe
- **Antwoord: D** (Jakobus 1:12)

Volgens James, wat moet 'n persoon doen as hulle weet wat die goeie is wat hulle behoort te doen en dit nie doen nie?

- A) Bekeer en bely
- B) Soek vergifnis by God
- C) Bid vir krag
- D) Dit is vir hulle 'n sonde
- **Antwoord: D** (Jakobus 4:17)

Vul-in-die-gaping-vrae

Jakobus begin sy brief deur gelowiges aan te moedig om dit as suiwer __________ te beskou wanneer hulle ook al te doen kry met beproewings van baie soorte.

Antwoord: vreugde (Jakobus 1:2)

"Moenie net na die woord luister en julleself so bedrieg nie. __________ dit."

Antwoord: Doen wat (Jakobus 1:22)

"Godsdiens wat God ons Vader as rein en onberispelik aanvaar, is dit: om in hulle nood na weeskinders en weduwees om te sien en om jouself te bewaar van __________."

Antwoord: word deur die wêreld besoedel (Jakobus 1:27)

"Maar die man wat aandagtig kyk na die volmaakte wet wat vryheid gee en aanhou om dit te doen, en nie vergeet wat hy gehoor het nie, maar dit doen—__________—hy sal geseënd wees in wat hy doen."

Antwoord: hy sal geseënd wees in wat hy doen (Jakobus 1:25)

"Wat help dit, my broers, as iemand beweer dat hy geloof het, maar het geen __________ nie?"

Antwoord: dade (Jakobus 2:14)

"Jy sien dat 'n persoon geregverdig word deur wat hy doen en nie deur __________ alleen nie."

Antwoord: geloof (Jakobus 2:24)

"Maar die wysheid wat uit die hemel kom, is eerstens __________."

Antwoord: rein (Jakobus 3:17)

"Onderwerp julle dan aan God. __________ en Hy sal van julle af vlug."

Antwoord: Weerstaan die duiwel (Jakobus 4:7)

"Is enige een van julle in die moeilikheid? Hy moet __________."

Antwoord: bid (Jakobus 5:13)

" Bely dan julle sondes aan mekaar en __________."

Antwoord: Bid vir mekaar (Jakobus 5:16)

"Die gebed van 'n regverdige is __________."

Antwoord: kragtig en effektief (Jakobus 5:16)

"Elia was 'n man net soos ons. Hy het ernstig gebid dat dit nie sou __________ nie, en dit het vir drie en 'n half jaar nie op die land gereën nie."

Antwoord: reën (Jakobus 5:17)

"My broers, as een van julle van die waarheid afdwaal en iemand bring hom terug, onthou dit: Elkeen wat 'n sondaar van die dwaling van sy weg afkeer, sal hom van __________ red."

Antwoord: dood (Jakobus 5:19-20)

"Bo alles, my broers, moenie sweer nie - nie by die hemel, aarde of enigiets anders nie. Laat julle 'Ja' __________ wees."

Antwoord: ja, en jou 'Nee', nee (Jakobus 5:12)

"Wees dan geduldig, broers, totdat die Here kom. Kyk hoe die boer __________."

Antwoord: wag vir die land om sy waardevolle oes te lewer (Jakobus 5:7)

"Die tong is ook 'n __________, 'n wêreld van boosheid tussen die dele van die liggaam."

Antwoord: klein deel (Jakobus 3:6)

"Jy het nie, want jy het nie __________ nie."

Antwoord: vra (Jakobus 4:2)

"Verneder julle voor die Here, en Hy sal __________."

Antwoord: lig jou op (Jakobus 4:10)

"Maar die wysheid wat uit die hemel kom, is __________."

Antwoord: eerstens , rein (Jakobus 3:17)

" Bely dan julle sondes voor mekaar en bid vir mekaar, sodat julle __________ kan wees."

Antwoord: genees (Jakobus 5:16)

<u>**Kort Antwoord Vrae**</u>

Wat sê Jakobus oor beproewinge en die doel daarvan?

Antwoord: Jakobus leer dat beproewinge volharding en volwassenheid in geloof voortbring (Jakobus 1:2-4).

Wat moet volgens Jakobus ons reaksie op God se woord wees?

Antwoord: Ons moet nie net na God se woord luister nie, maar ook doen wat dit sê (Jakobus 1:22).

Hoe beskryf Jakobus suiwer godsdiens?

Antwoord: Rein en foutlose godsdiens behels die versorging van weduwees en weeskinders in nood en om jouself daarvan te weerhou om deur die wêreld besoedel te word (Jakobus 1:27).

Watter waarskuwing gee Jakobus oor die tong?

Antwoord: Jakobus waarsku dat die tong, hoewel klein, groot skade kan veroorsaak soos 'n klein vonkie wat 'n bos aan die brand steek (Jak. 3:5-6).

Hoe beskryf Jakobus geloof sonder dade?

Antwoord: Jakobus beskryf geloof sonder dade as dood en nutteloos (Jak 2:17).

Watter voorbeeld gebruik Jakobus om geloof en werke te illustreer?

Antwoord: Jakobus gebruik die voorbeeld van Abraham wat Isak geoffer het om te wys dat geloof sonder werke onvoltooid is (Jak. 2:21-23).

Wat leer Jakobus oor vriendskap met die wêreld?

Antwoord: Jakobus waarsku dat vriendskap met die wêreld vyandskap met God is, en wie 'n vriend van die wêreld wil wees, word 'n vyand van God (Jak. 4:4).

Hoe moet gelowiges volgens Jakobus konflikte en rusies hanteer?

Antwoord: Gelowiges moet wysheid by God soek en nie toelaat dat jaloesie en selfsugtige ambisie tot konflikte lei nie (Jakobus 3:13-18; 4:1-3).

Wat leer Jakobus oor geduld en volharding in beproewings?

Antwoord: Jakobus moedig gelowiges aan om geduldig te wees en beproewinge te verduur, met die wete dat die Here medelye en barmhartigheid is (Jakobus 5:7-11).

Hoe beskryf Jakobus gebed?

Antwoord: Jakobus beskryf gebed as kragtig en effektief, veral die gebed van 'n regverdige persoon (Jakobus 5:16).

Wat sê James oor spog oor die toekoms?

Antwoord: Jakobus waarsku daarteen om oor môre te spog, want die lewe is onseker en afhanklik van God se wil (Jak. 4:13-15).

Hoe moet gelowiges volgens Jakobus die armes en rykes behandel?

Antwoord: Jakobus leer dat gelowiges nie begunstiging moet toon op grond van rykdom nie, maar almal gelyk moet behandel met liefde en respek (Jak. 2:1-9).

Watter raad gee Jakobus oor die sweer van ede?

Antwoord: Jakobus raai daarteen aan om ede af te lê, en moedig gelowiges aan om hulle "Ja" ja te laat wees en hulle "Nee" nee (Jakobus 5:12).

Hoe definieer Jakobus ware wysheid?

Antwoord: Ware wysheid, volgens Jakobus, word gekenmerk deur reinheid, vredeliewendheid , sagmoedigheid en 'n gewilligheid om aan ander toe te gee (Jakobus 3:17).

Wat sê Jakobus oor die rykes wat die armes onderdruk?

Antwoord: Jakobus veroordeel die rykes wat die armes onderdruk, waarsku teen oordeel en die vlugtige aard van rykdom (Jak. 5:1-6).

Hoe moet gelowiges volgens Jakobus reageer op sonde?

Antwoord: Gelowiges moet hulle sondes aan mekaar bely en vir mekaar bid vir genesing en vergifnis (Jakobus 5:16).

Hoe beskryf Jakobus die regte houding teenoor God se wet?

Antwoord: Jakobus leer dat gelowiges die koninklike wet van liefde moet vervul en nie partydigheid moet toon nie, deur Christus se wet te vervul (Jak. 2:8-9).

Wat sê Jakobus oor geloof en werke oor regverdigmaking?

Antwoord: Jakobus argumenteer dat geloof sonder werke dood is, wat illustreer dat ware geloof deur dade bewys word (Jakobus 2:14-26).

Hoe moedig Jakobus gelowiges aan om lyding en beproewings te verduur?

Antwoord: Jakobus moedig gelowiges aan om dit as vreugde te beskou wanneer hulle beproewinge in die gesig staar, wetende dat beproewinge standvastigheid en volwassenheid voortbring (Jak. 1:2-4).

Wat leer Jakobus oor die krag van gebed aangaande Elia?

Antwoord: Jakobus leer dat Elia se gebed kragtig en effektief was, wat die doeltreffendheid van vurige gebed in geloof demonstreer (Jakobus 5:17-18).

www.ingramcontent.com/pod-product-compliance
Lightning Source LLC
Chambersburg PA
CBHW081342160726
48000CB00010B/3205